하트명상

하트명상

행복은 당신의 심장에 있다

ⓒ 이광호 · 정효선 · 조봉만 · 권용대, 2024

초판 1쇄 발행 2024년 3월 29일

지은이   이광호 · 정효선 · 조봉만 · 권용대
펴낸이   이기봉
편집   좋은땅 편집팀
펴낸곳   도서출판 좋은땅
주소   서울특별시 마포구 양화로12길 26 지월드빌딩 (서교동 395-7)
전화   02)374-8616~7
팩스   02)374-8614
이메일   gworldbook@naver.com
홈페이지   www.g-world.co.kr

ISBN   979-11-388-2873-4 (03690)

하트명상

행복은 당신의 심장에 있다

이광호 · 정효선 · 조봉만 · 권용대 지음

좋은땅

명상의 시대라고 합니다. 갈수록 복잡하고 어려워지는 세상살이는 영성과 종교의 영역에 전승된 명상의 도움을 필요로 합니다. 명상은 우리가 삶에서 피할 수 없는 고통과 괴로움, 즉 스트레스를 다루는 탁월한 방법으로 수천 년을 이어 온 인류의 문화유산입니다. 이런 명상이 무엇보다 질병을 다루는 의료 분야에 활용되기 시작한 것은 우연이 아닐 것입니다.

만성적인 긴장과 스트레스는 심신의 성장을 저해하고 이는 결국 몸과 마음의 질병으로 이어지기 때문입니다. 명상은 그 효과에 대한 과학적 연구의 뒷받침으로 각종 만성 질환과 심리 장애의 치료에 이미 활용되고 있으며 학교 교육과 기업 영역에서도 널리 받아들여지고 있습니다. 명상은 이미 스트레스 관리를 넘어서 개인적인 성장과 삶의 질 향상에도 매우 효과적으로 쓰이고 있습니다.

최근에는 특히 직원들의 스트레스 관리가 필요한 기업과 기관들에서도 그 수요가 빠르게 증가하고 있는 것 같습니다. 하지만, 막상 명상이 좋다는 것을 들어도 체계적으로 익히고 일상생활에서 실천할 수 있는 노하우를 배울 수 있는 대중적인 컨텐츠는 그리 많지 않은 것 같습니다.

이런 상황에서 명상을 연구하고 수련하는 후배들이 누구나 쉽게 일상에서 실천 가능한 『하트명상』을 선보여 반가운 마음입니다. 나는 수년 전, 이 책의 저자들이 행복날개 수련원의 사범으로 근무할 때, 세계적인 프로그램인 MBSR을 교육한 인연이 있는데, 이후 저자들이 명상을 더 체계적으로 배우고 자신들이 그간의 수련 경험과 접목하여『하트명상』이라는 이름의 명상 활용서를 내게 된 것은 매우 고무적입니다.

특히,『하트명상』에는 쉽게 익힐 수 있는 다양한 명상법을 소개하고 있어서 누구나 아무 때건 어디서든 명상을 해 볼 수 있는 활용도가 높은 책입니다. 이 책의 발간을 계기로 여러 분야의 삶의 현장에서 다양한 명상 활용서가 나오기를 기대합니다. 그래서 누구나 명상을 통해 자신에 대한 깊은 통찰과 자기 조절력을 향상시켜 개인적으로나 사회적으로 건강하고 행복한 삶을 살아갈 수 있기를 바랍니다.

— **김완석, 아주대학교 심리학과 명예교수**

명상은 수천 년 동안 전 세계에서 다양한 형태로 전해 내려왔습니다. 최근에는 스트레스를 씻어 냄과 동시에 내면의 평화를 가져올 수 있는 방법으로 많은 사람들이 명상의 세계에 빠져들고 있습니다.

그래서 명상에 대한 많은 논문들이 쏟아져 나왔으며 분야도 다양합니다. 정신적인 안정뿐만 아니라 신체적 질환에 대한 효과에 대해서도 많은 의학 논문이 있습니다. 암, 심혈관 질환, 고혈압, 과민성대장증후군, 긴장성 두통, 만성 통증, 천식 등 다양한 질환에 효과적이다는 것이 증명되었고, 정신과 영역인 우울증, 불안증, 불면증에도 효과가 있다는 논문이 많습니다. 그래서 실제로 클리닉과 병원에서 질병 치료의 보완적 방법으로 명상을 가르치는 곳이 생겼습니다.

그 외 명상은 환자가 아닌 일반인들이 스트레스를 관리하는 능력을 키워 주고, 부정적인 감정 줄이기, 상상력과 창의력을 키우기, 스트레스 상황에 대한 새로운 관점을 얻기, 현재에 집중하기 등에 도움을 준다는 것이 증명이 되어 많이 이용하고 있습니다. 스포츠 영역에도 도입이 되어서 시합에 임하는 운동선수들에게도 많은 도움을 주기 때문에 양궁, 야구 등 다양한 스포츠에 활용되고 있습니다.

마음을 집중하고 맑게 하는 수련법인 명상이 어떻게 해서 신체적 질환에도 도움이 될까요? 그것은 저자들도 책에서 언급했듯이 몸과 마음은 떼려야 뗄 수 없는 관계로 서로서로 영향을 주고받기 때문입니다.

저자들은 이렇게 효과가 입증되었고 몸과 마음에 좋은 영향을 주는 명상을 누구나 쉽게 접근할 수 있는 방법을 책에 소개했습니다. 저자들은 대학교를 다닐 때부터 이미 몸과 마음 수련에 관심을 가지고 젊었을 때부터 많은 사람들을 지도해 왔고, 지금도 현장에서 발로 뛰는 분들입니다. 그래서 이 책은 살아 있는 책입니다. 왜냐하면 현장에서 어떻게 하면 더 좋은 방법으로 수련을 지도할 수 있을까 늘 고민했던 부분을 책에 녹여 내었기 때문입니다. 그래서 이 책은 명상을 집에서 실천하고 싶어 하는 사람뿐만 아니라 현장에서 명상을 지도하고 가르치는 사람들에게도 많은 도움이 될 것입니다.

의사들이 처방하는 약은 좋은 효과도 있지만 늘 부작용에 대해서는 고민해야 됩니다. 하지만 이 책에 소개한 하트명상은 부작용이 없는 좋은 '약'입니다. 많은 사람들이 널리 복용하기를 바랍니다.

— 정양수, 수련을 좋아하는 가정의학과 전문의

점점 나이가 들어 가면서 중요해지는 질문이 있다면 "당신의 몸과 마음은 지금 건강하십니까?"일 것입니다. 처리해야 할 수많은 업무들이 산적해 있고, 만나서 결과를 만들어야 하는 수많은 이해관계 속에서 매일매일 치열하게 살아가다 보면 나를 들여다볼 시간이 없습니다. 하루하루를 긴급한 일들을 처리하다 보니, 정작 지금 긴급하지는 않지만 무엇보다 가장 중요한 일인 '자신을 돌보고 사랑하는 일'을 놓치게 됩니다. 그렇게 자신을 들여다보는 일을 소홀하게 되면 갑자기 건강에 빨간불이 켜지면서 긴급한 일이 되어 버립니다. 열심히만 살았던 저도 빨간불이 켜졌습니다.

그날이 명확하게 기억납니다. 2019년 4월 초였습니다. S금융그룹 계열사 중 데이터 시스템의 부서장을 대상으로 상황적 리더십(Situational Leadership®) 워크숍을 진행했었습니다. 여러 차수를 진행하던 제법 큰 프로젝트였던 것으로 기억합니다. 아마도 마지막 차수를 진행하던 날이었습니다. 계속되는 일정으로 몸은 피곤했지만, 그날도 역시나 열정적으로 강의를 하고 있었습니다. 점심을 먹고 오후 세션이 진행되면서 오후 4시를 넘기고 있었습니다. 그런데 갑자기, 목소리가 나오질 않았습니다. 마치 인어공주가 두 다리를 얻으면서 목소리를 잃어 가는 것처럼, 떠듬떠듬 갈라지는 쉿소리로 겨우 말을 이어 갔습니다. 심호흡을 들이쉬면서 단전에 힘을 빡 주고 한마디, 또 들이마시고 힘을 주면서 고되게 말을 이어 갔지만, 목소리는 나오지 않았습니다. 열심히만 살아온 제게 들어온 경고였습니다.

그날의 충격이 나를 정신차리게 했고, 그때 비로소 나 자신을 돌보는 일의 중요성을 무엇보다 시급한 일로 생각하게 되었습니다. 그때 만난 분이바로 한국 요가와 명상의 거장, 이광호 박사님이었습니다. 요가와 명상이무엇인지도 전혀 모르던 저에게 그 심오하고 깊은 세계를 열어 주신 분입니다. 처음 요가를 경험했던 날을 잊을 수 없습니다. 매트를 깔고 들숨과 날숨의 호흡을 가만히 들여다보고 나 자신을 살피는 시간 속에 오롯이 나를 만나고 들여다보고 집중하는 진귀한 경험을 했습니다. 이광호 박사는 명상과 요가는 사방으로 흩어지는 감각을 현재의 마음에 되돌리게 하는 닻의 역할을 한다고 가르쳤습니다. 무엇보다 여러 신체 감각 중에서 심장에 대한 감각을 강조하며 하트명상을 소개했습니다. 하트는 심장입니다. 살면서 내 심장을 들여다보고 알아차리는 일을 과연 스스로 어떻게 할 수 있을까요? 이 책은 그 답을 가르쳐줍니다. 무엇보다 요가와 명상을 일반인들이 쉽게 다가갈 수 있도록 친절하게 안내합니다. 탄탄한 이론을 바탕으로 왜 하트명상이 중요하고 필요한지를 안내하고, 무엇보다 일상생활 속에서 직접 따라해 볼 수 있는 상세한 지침을 소개합니다. 이 책은 마치 요가와 명상의 사용 설명서 같습니다. 또한 나를 살피고 돌아볼 수 있는 최고의 시간을 선물하는 책입니다. 요가와 명상을 훈련하고 자신과 행복한 만남을 오롯이 갖고 싶은 사람들에게 이 책이 가장 구체적인 길을 안내해 줄 것입니다.

— 송지수, 조직개발 교육훈련 전문기업 씨오디이 대표,
『일하는 엄마는 오늘도 꿈꾼다』 저자

목차

I
여는 말

오랜 기간 명상은 깨달음과 신비 체험을 중심으로 명상 전문가들의 전유물로 여겨졌지만, 최근 들어 스트레스 감소와 업무 생산성 향상을 위한 오피스 명상과 같은 대중적인 명상으로 인기를 얻고 있습니다. 스마트폰의 보급과 온라인 플랫폼들이 소개하는 다양한 명상가들의 수많은 명상법들은 명상을 처음 접하는 사람들에게 오히려 혼란을 가중시키는 요인이 되기도 합니다. 명상을 수련하고 대중에게 보급하고 있는 선배 명상 수련자 입장에서 자신에게 알맞고 부작용 없이 오래 수련할 수 있는 명상법을 구별할 수 있는 안목과 이런 취지에 부합하는 명상법을 정리하여 보급해야 할 사명감을 느끼며 하트명상을 소개하게 되었습니다.

위의 목적에 부합하기 위해서는 첫째 단순하고, 둘째 효과적이며, 셋째 과학적 근거를 기반으로, 넷째 명상 전후의 효과를 수치화하여 측정 가능해야 한다는 원칙하에 개발과 검증을 하게 되었습니다. 따라서 하트명상은 복잡하지 않고 단순해서 배우기 쉽고, 1회 10분 수련으로도 명상의 효과를 즉시 경험할 수 있으며, 심장 박동의 변이율에 따른 교감신경과 부교감신경의 활성화 비율을 수치로 측정하고, 실시간으로 피드백하면서할 수 있는 과학적인 프로그램입니다.

일반적으로 인간의 선택은 이성보다 감성을 중심으로 이루어지고 안정적이고 긍정적인 감정(정서) 상태에서는 불안하고 부정적인 감정 상태보다 동일한 상황에서 자기 주도적이고 이타적인 선택을 하는 확률이 높습니다. 또한 불안하고 부정적인 감정 상태에서는 사실을 있는 그대로 인식하기보다는 마치 어두운 안경을 쓰고 사물을 보는 것처럼 부정적으로 인지하고 과장하거나 왜곡하여 해석하는 경향이 높습니다. 이런 정서 상태에서 많은 사람들은 자신이 가지고 있는 부정성을 없애기 위해 애쓰며 수련이란 마땅히 자신의 모나고 부족한 부분을 깎고 채우는 것이라 여기게 됩니다. 따라서 명상 수련법들은 많은 경우 수련 과정에서 자신의 부정성과 마주하며 자신의 부족함과 나약함에 오히려 더 집중하게 되는 결과를 낳게 됩니다.

하트명상은 수련의 이런 부정적인 측면을 가급적 배제하고, 우리가 가지고 있는 밝고 긍정적인 정서에 집중하고 긍정적인 정서를 키우는 데 목적을 두고 있습니다. 우리는 우리 내면에 어둡고 부정적인 정서가 있음을 인정하지만 동시에 밝고 긍정적인 정서가 함께 있다는 것을 확신하며 인정합니다. 어둠은 빛이 사라질 때 항상 생겨나고 어떤 어둠도 빛이 생겨나면 저절로 사라진다는 것은 자연과학적 상식이며 체험을 통해 이미 누구나 알고 있습니다. 의심과 두려움, 분노와 슬픔, 죄의식과 수치심 같은 어두운 감정들은 용기와 희망, 감사와 사랑, 평화와 기쁨 같은 밝은 감정들이 살아날 때 저절로 사라집니다.

하트명상은 심장에 집중하고 심장을 관찰하고 심장과 대화하는 간단한 행위를 통해 우리 내면의 긍정적인 정서를 높이는 것을 목적으로 합니다. 심장은 우리 신체 가운데 생명이 유지되는 한, 평균 1초에 1회씩 강하게 수축과 이완을 반복하여 집중하고 관찰하기에 가장 유리하며 무엇보다도 감정을 가장 잘 느낄 수 있는 인체 기관입니다. 심박은 뇌파보다는

스마트 워치와 같은 간단한 디바이스로 즉시 측정이 가능하고 특히 심박
변이율은 교감신경과 부교감신경의 활성도를 실시간으로 확인 가능하여
과학적인 명상을 하기에도 적합합니다.

　1장에서는 명상의 전체적인 구조와 원리를 살펴보고 2장에서는 하트
명상의 구체적인 방법들을 쉽고 단순하게 이해하고 수련할 수 있도록 정
리하였습니다. 하루 10분 짧은 시간 동안 심장에 집중하는 단순한 수련
인 하트명상을 통해서 자신의 삶을 매일 밝고 긍정적으로 바꾸는 기적을
경험하기를 바랍니다.

II

하트명상 이론

심장

1) 문화적 배경

우리는 일상적으로 감정을 신체 감각을 빌어 설명하곤 한다. 그중 심장 (가슴)의 감각을 빌어 표현하는 비중은 아주 크다. 슬프다는 감정을 '가슴 이 아프다.'고 한다. 기쁘다는 표현을 '가슴이 벅차다.'고 이야기한다. 영 어에서의 Heart는 마음을 나타낸다. 무척 슬프다는 표현으로 'My Heart Is Broken.'이라고 한다. 사랑을 표현하는 기호로 쓰는 '하트 마크'는 심장을 기호화한 것이다. 마음을 나타내는 심(心) 자는 사람의 심장 모양을 따라 만든 상형 문자이다.

언어적인 표현 외에 문화적으로도 심장에 대한 주목은 역사를 통틀어 흔히 발견할 수 있다.

그림 1. 이집트 벽화. 사후 죽은 자는 오시리스의 법정에 도착한다. 이곳에서 아누비스가 심장의 무게를 단다. 죄가 무거울수록 심장은 무거워진다.

고대 이집트에서는 심장은 사람의 영혼이 깃드는 곳으로, 죽음 후 심판을 받을 때 심장의 무게를 재어서 그 사람의 삶을 평가하였다. 또한 미라를 만들 때, 뇌는 긁어서 제거하더라도 심장은 따로 담아서 보관하였다.

아즈텍에서는 심장은 생명력이 있는 장기로 생각했다. 우리가 잘 알고 있는 아즈텍의 인신 공양은 태양이 꺼지지 않게 하기 위해 사람의 생명력을 바치기 위해 심장을 꺼내 바친 것이다.

동양 의학에서는 심장은 정신이 깃드는 곳이라고 생각한다. 『황제내경』에서는 심장의 역할에 대해 다음과 같이 이야기한다.

"심장이 차지하는 중요성은 군주의 지위에 비할 수 있으며,

사람의 정신과 사고 활동이 심장에 의해 이루어진다."

『동의보감』에서도 심장은 단순히 장기가 아니라 마음과 같은 동의어로 보는 것이다. 마음을 의미하는 한자, 마음 심(心) 자도 심장의 모양을 흉내 낸 것이다. 이와 같이 인류 문화 전반에서 심장은 단순한 신체 장기가 아닌 인간의 생명력과 마음이 담겨 있는 곳으로 여겼다.

2) 의학적 배경

① 심장의 기원

심장은 혈액이 순환하는 혈관 중에서 펌프 작용을 하는 근육 장기이다.

원시적인 심장은 환형동물인 지렁이 등에서 볼 수 있다. 지렁이는 2개의 큰 혈관이 몸의 정중선(正中線)을 따라 등 쪽과 배 쪽으로 있어 각각 등 혈관, 배 혈관이라고 부르는데 등 혈관은 자동적으로 수축하여 혈액을 몸의 뒤쪽으로부터 앞쪽으로 보낸다. 이런 심장의 구조가 동물의 가장 기본적인 구조이다.

곤충을 비롯한 절지동물의 심장은 '심문(心門)'이라고 하는 구멍이 뚫려 있는 것이 특징이다. 이 심장은 등쪽에 관 모양을 하고 있어서 '관심장'이라고 부른다.

연체동물의 심장은 심방과 심실로 구분되며 심실은 1개이지만, 심방의 수는 종류에 따라 다르다.

척추동물의 심장은 육지 생활에 적응하는 과정에서 보다 복잡하게 변했다.

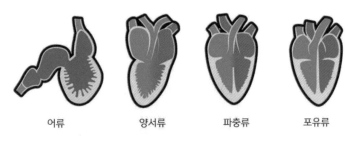

그림 2. 동물의 심장

어류: 1심방, 1심실
양서류: 2심방, 1심실
파충류: 2심장, 1심실
조류·포유류: 2심장, 2심실

② 심장의 특징

심장은 태아의 장기 가운데 가장 먼저 만들어지는 장기로, 생후 16일차부터 발달하기 시작한다.

심장은 양쪽 허파 사이의 공간에 위치하며, 정중선상에서 볼 때 2/3가 왼쪽으로 치우쳐 있고 횡격막 위에 얹혀져 있다. 사람의 심장은 보통 자기의 두 주먹을 합친 크기보다 약간 작고, 매우 두꺼운 근육으로 되어 있다.

심장 내부는 2개의 심방과 2개의 심실로 이루어져 있다. 그리고 이 심장이 주기적으로 수축해서 혈액을 동맥으로 밀어내고, 이완하면서 정맥에서 오는 혈액을 심장을 채우는 과정을 반복하며 이를 박동이라고 한다.

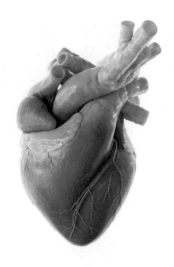

그림 3. 사람의 심장

③ 심장 박동

심장은 안정된 상태에서 보통 1분에 60~70회 뛴다. 따라서 하루 평균 약 10만 번, 70세를 기준으로 평생 26억 번 정도 뛰는 것이다. 한 번 심장이 수축할 때 약 80mL 정도의 혈액을 대동맥으로 내보내며, 1분당 약 5L의 피가 심장을 거쳐 우리 몸을 돌고 40~50초 만에 다시 되돌아오게 된다.

일반적인 성인의 심장 박동 수는 분당 70회이지만 사람마다 다르며, 한 사람의 심장 박동 수도 날마다 또는 매분마다 일정하지 않다. 이것은 심장 박동 수가 나이, 건강, 근육의 활성 수준, 감정 상태 등의 여러 가지에 영향을 받기 때문이다. 운동을 하거나 흥분하거나 놀랐을 때는 분당 100회가 넘게 증가할 수 있고 때때로 분당 180회까지 올라가기도 한다. 훈련을 많이 한 운동선수는 심장이 발달하면 한 번에 내보낼 수 있는 혈액이 늘어나기 때문에 정상인보다 낮은 50여 회 정도이며, 어린이의 심장 박동 수는 성인의 박동 수보다 높다.

남성	나이					
	18-25	26-35	36-45	46-55	56-65	65+
운동선수	49-55	49-54	50-56	50-57	51-56	50-55
뛰어남	56-61	55-61	57-62	58-63	57-61	56-61
좋음	62-65	62-65	63-66	64-67	62-67	62-65
평균 이상	66-69	66-70	67-70	68-71	68-71	66-69
평균	70-73	71-74	71-75	72-76	72-75	70-73
평균 이하	74-81	75-81	76-82	77-83	76-81	74-79
나쁨	82+	82+	83+	84+	82+	80+

여성	나이					
	18-25	26-35	36-45	46-55	56-65	65+
운동선수	54-60	54-59	54-59	54-60	54-59	54-59
뛰어남	61-65	60-64	60-64	61-65	60-64	60-64
좋음	66-69	65-68	65-69	66-69	65-68	65-68
평균 이상	70-73	69-72	70-73	70-73	69-73	69-72
평균	74-78	73-76	74-78	74-77	74-77	73-76
평균 이하	79-84	77-82	79-84	78-83	78-83	77-84
나쁨	85+	83+	85+	84+	84+	85+

④ 심장 박동의 조절

심장 박동은 심장 외적인 부분으로 조절되는 부분과 심장 스스로 조절하는 부분이 있다.

a. 심장 외적인 부분

심장 외적으로는 심장 박동은 자율신경계와 호르몬의 조절을 받는다. 자율신경계의 교감신경은 심장 박동을 증가시키고 부교감신경은 감소시키면서 균형을 조절한다. 또한 심장 박동은 호르몬의 조절을 받는데, 부신에서 분비되는 에피네프린(epinephrine)은 교감신경처럼 심장 박동을 증가시킨다.

b. 심장 스스로 조절

영화 같은 곳에서 심장을 꺼냈는데 심장 혼자서 뛰는 것을 본 적이 있을 것이다. 이와 같이 심장은 이러한 신경이나 호르몬과 연결되지 않아도 스스로 뛸 수 있다. 이것은 심장 근육 중 우심방에 있는 동방결절이라는 근육에서 약 0.8초 간격으로 전기를 발생시키는데 이 전기적 신호로 신장의 박동을 조절하기 때문이다.

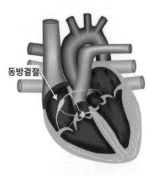

그림 4. 심장의 동방결절

⑤ 심장과 감정

심장은 우리 몸에 혈액을 통해 산소와 양분을 보내기 때문에 몸의 상태에 따라 다르게 뛴다.

따라서 심장이 뛰는 속도와 리듬으로 우리 몸과 마음의 상태를 쉽게 알 수 있다. 인접한 심장 박동 사이의 시간 간격의 변동을 심박 변이율(HRV, Heart Rate Variability)라고 한다. 심장이 1분당 60회 뛴다면 1초에 한 번 뛰는 것이 아니며 두 비트 사이에는 0.9초가 있고 1.2초도 있을 수 있다는 것이다.

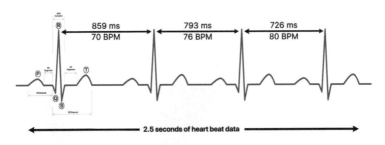

그림 5. 심박 변이율, 출처: YitzhakNat

심박 변이 연구의 세계적인 권위자인 미국의 Fred Shaffer 박사는 2017년 그의 연구에서 건강한 심장은 메트로놈이 아니며 건강한 심장일수록 복잡하고 비선형적인 진동을 보인다고 발표하였다. 인체의 항상성은 자율신경 중 교감신경과 부교감신경의 음성 되먹이기(Negative feedback mechanism) 기전을 통해서 유지되는데 심박 변이율이 높을수록 두 개의 자율신경 모두가 잘 작동하며 편안하고 행복한 감정 상태에 있게 된다.

반면 스트레스와 질병 상태에 있을 때는 두 개의 자율신경 중 한 개만 우세하게 작동하게 되고 심박 변이율은 감소하게 된다. 이는 비선형적이고 가변적인 심장 박동은 변화하는 환경에 신속하게 대처할 수 있는 유연성을 가지게 되지만 질병과 스트레스 상태에 있는 심장은 이러한 가변성과 유연성을 잃어버린 것을 의미한다. 이러한 심박 변이율은 명상 상태에서 높아지는데, 명상 수련자가 이완된 상태에서 깊은 명상 상태로 진입하는 것과 긴장이 풀리지 않고 집중을 하지 못하는 상태에 있는 것을 측정할 수 있는 신뢰도와 타당도가 높은 생체지표가 된다. 따라서 하트명상은 심장 박동의 변이율을 높여 편안하고 행복한 긍정적 감정을 높여 주며 상대적으로 심장 박동의 변이율이 낮아질 때 발생하는 스트레스, 우울증, 불안, 경도인지장애, 치매와 같은 정신장애와 염증, 만성 통증, 당뇨병, 뇌진탕, 천식, 불면증, 피로와 같은 신체 장애를 치유하거나 예방하게 된다.

⑥ 심장과 명상

명상에서는 감각을 통해 몸과 만나는 것을 강조한다. 감각은 현재에 일어나는 현상으로 과거에 대한 기억과 미래에 대한 생각으로 방황하는 마음을 현재에 되돌리는 닻 역할을 한다.

여러 신체 감각 가운데 하트명상에서는 심장에 대한 감각을 선택했다. 심장은 우리 신체 가운데 가장 왕성하게 활동하는 장기로 누구나 쉽게 그 활동을 느낄 수 있어 좋은 집중처가 된다.

사회가 현대화될수록 우리는 내면을 관찰할 수 있는 여유를 가지지 못하고 있다. 거의 모든 반응들이 즉각적으로 이루어지고 잠깐의 짬이 있어도 그 시간을 스마트 기기에 헌납하면서 스스로에게 질문하고 대답을 듣는 시간은 점점 줄어들고 있다. 이는 내면과의 연결이 멀어지게 되고 알 수 없는 초조함과 불안감으로 나타난다.

심장을 통해 내면을 들여다보는 시간은 스스로에 대한 연결을 견고하게 하고, 나 스스로를 알아차리는 메타 인지력[1]을 키우는 좋은 수단이 된다.

---

1) 너머를 나타내는 메타(meta)와 인지의 합성어로 인지를 하고 있다는 것을 인지하는 능력을 가리킨다. 내가 어떤 사실을 아는 것이 인지력이라면, 그런 사고를 하는 과정을 조망할 수 있는 능력이 메타 인지력이다. 1970년대, 발달심리학자인 존 플라벨(J. H. Flavell)에 의해 만들어진 용어로 자기학습에 있어 중요한 부분으로 관심받고 있다.

3) 쉽게 하는 하트명상

- 바르지만 편한 자세를 취한다.
- 눈을 감고 잠시 숨을 관찰한다. 들숨과 날숨에서 일어나는 호흡의 느낌을 관찰한다.
- 호흡에 어느 정도 집중되면 마음을 심장에 둔다. 심장에서 느껴지는 감각에 집중한다. 잘 느껴지지 않으면 손끝을 가슴 위에 가볍게 올리고 심장 박동에 귀를 기울인다.
- 심장 박동과 함께 내 마음의 느낌에 귀를 기울인다.
- 심장에게 이야기한다는 느낌으로 마음속으로 '나를 있는 그대로 받아들입니다.'라고 말한다.
- 들숨에 '나를 있는 그대로.'라고 말하고, 날숨에 '받아들입니다.'라고 말합니다.

- 마음속으로 '지금 이 순간에 감사합니다.'라고 말한다.
- 들숨에 '지금 이 순간에.'라고 말하고, 날숨에 '감사합니다.'라고 말합니다.
- 마음속으로 '나를 온전히 사랑합니다.'라고 말한다.
- 들숨에 '나를 온전히.'라고 말하고, 날숨에 '사랑합니다.'라고 말합니다.

2

몸

1) 몸과 마음에 대한 관점

하트명상에서는 우리 몸과 마음은 동전의 양면과 같다고 생각한다. 몸과 마음은 다른 측면을 나타내지만 본질적으로는 하나이며, 서로 긴밀한 영향을 준다. 명상이 마음만을 다룬다고 생각하기 쉽지만 우리가 몸을 움직이는지 가만히 있는지, 실내에 있는지 바깥에 있는지에 따라 우리 정서 상태가 달라지는 것을 생각한다면 몸과 마음이 얼마나 밀접하게 연결되어 있는지 알 수 있고, 왜 명상을 하는 데 있어 몸을 다루는 작업이 필요한지 알 수 있다.

몸과 마음을 같이 보는 관점은 심신일원론이라고 부르는데, 이를 이해하기 위해서는 심신이원론을 먼저 살펴보는 것이 좋다.

① 심신이원론

몸과 마음에 대한 관점은 너무나 다양하기에 획일적으로 정리할 수는 없지만, 현대에서 통용되는 심신이원론을 정리한 사람은 데카르트로 보며, 이는 나아가 고대 그리스의 플라톤 철학으로부터 기원을 두고 있다.

플라톤은 유명한 이데아설을 제창하였는데, 이데아(혹은 eidos=형상)

는 비물질적 참실재이며 이에 대하여 물질적, 감각적인 존재는 잠정적, 상대적이고, 이 감각에 호소하는 경험적인 사물의 세계는 이데아의 그림자, 즉 모상(模相)이라는 이원론적 세계관을 내세웠다. 세계의 중심을 이루는 것은 세계 영혼이며, 인간의 영혼은 세계 영혼이 주재하는 이데아계에 있던 것으로 영혼은 불멸(不滅)이며 이데아를 상기하는 것에서 진정한 인식이 얻어진다고 하였다.[2]

그림 6. 플라톤, 약 B.C 428~348

플라톤의 이원론은 이후 중세 기독교와 결합하여 발전하였다.

기독교 철학은 '육체=사멸(死滅)=악(惡)'과 '영혼=불멸(不滅)=선(善)'으

---

2) 『철학사전』, 중원문화, 2009.

로 정리하였고 인간은 육체의 정념을 극복하고 영혼의 불멸성을 추구하
여야 한다고 주장하였다.

데카르트는 이를 더욱 발전시켰는데
그 목적에는 시대적 배경이 있다. 당시
는 과학이 급진적으로 발전하던 시기였
지만 기독교로부터 자유로울 수 없었고
과학적 사유를 발전시켜 나가기 위해서
는 과학과 신앙을 분리시키는 것이 무
엇보다 중요했다.

이에 데카르트는 몸과 마음을 전혀 다
른 실체로 분리하였으며, 이후 몸과 마
그림 7. 데카르트, 1596~1650

음뿐만 아니라 정신과 물질, 주체와 객체, 관찰자와 관찰 대상을 분리한다.
이것이 바로 모든 산업 사회를 지배하고 있는 '데카르트식 이원론'이다.

인간은 사유하는 마음이며 육체는 운동하는 연장이라는 데카르트의
심신이원론은 어떤 형식으로든 둘 사이의 연결고리를 찾아야 했다. 그는
뇌 속의 송과선이라는 곳에서 둘이 연결된다고 생각했다. 하지만 몸과
마음이 전혀 다른 존재인데 송과선에서 이런 작용이 이루어진다는 것 자
체가 모순이 되는 논리이다.

이러한 논리의 모순이 있기는 했지만 사람의 몸을 기계로 보고, 그 속
에 영혼이 거주한다는 생각은 상당한 인기를 누렸다. 이런 상황은 300여
년이 지난 지금까지도 크게 달라지지 않았다. 우리가 어떤 사상을 어떤
시기에 쉽게 받아들이는 것은 논리의 정합성 때문이기보다는 시대정신
과 맞아 떨어지기 때문이라고 주장할 수 있다. 데카르트가 구성한 기계

속 영혼이라는 몸의 관념은 사람들의 마음을 사로잡았고, 이후 의학의 발전에 꼭 필요한 철학의 기초가 되었다. [3]

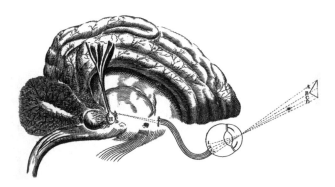

그림 8. 데카르트가 상상한 뇌의 인지 과정

데카르트가 정리한 심신이원론은 현대 시대상에 맞지 않음에도 아직까지 일상에서 주도적인 패러다임으로 남아 있다.

우리가 다루고자 하는 몸과 마음에 있어, 심신이원적 관점으로 바라본 몸은 다음과 같이 정의될 수 있다. [4]

몸에 대한 관점	철학적 배경
마음과 분리된 실체로 간주	존재론적 이원론
마음에 비하여 천한 것으로	가치론적 이원론
주체가 아닌 대상으로	인식론적 이원론
목적이 아니라 수단으로	기능주의적 이원론

3) 강산익 저, 『몸의 역사-의학은 몸을 어떻게 바라보았나』, ㈜살림출판사, 2007. 1. 25.
4) 한국몸학연구센터, 2007년 기의학연구발표.

② 심신일원론

동양에서는 몸과 마음은 거칠고 섬세한 차이가 있는 에너지(기운)의 집합체로 보았다. (석유에서 경유와 가솔린을 나누듯) 각각의 구분은 거칠고 섬세함의 차이가 있을 뿐, 우열이나 선후가 있는 것은 아니다.

인도 요가의 경우, 사람을 다섯 가지 층(코샤, Kosha)로 구분하였다. 각각의 층은 가장 거친 물질적 신체인 '안나마야 코샤'에서부터 가장 섬세한 부분인 영혼을 나타내는 '아난다마야 코샤'까지 사람의 기능을 나누어 구분하였다.

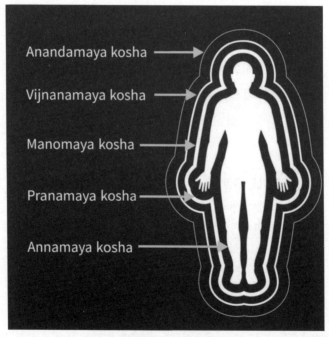

그림 9. 인간의 5가지 층(코샤)

하트명상

안나마야 코샤(annamaya kosha)	육체
프라나마야 코샤(pranamaya kosha)	에너지
마노마야 코샤(manomaya kosha)	감정
비갸나마야 코샤(vijnanamaya kosha)	정신
아난다마야 코샤(anandamaya kosha)	영혼

　　한의학에서는 인체의 장기는 생명 유지의 중요한 활동을 맡는 것과 동시에 인간의 정신 작용과 깊게 연관되어 있다고 생각했다. 예를 들어 간은 새로운 것을 추진하는 마음을 담당하고, 구체적인 감정으로는 분노와 연관되었다고 생각했다. 따라서 지나친 분노는 간을 상하게 하고, 반대로 간이 상했을 때는 쉽게 화를 낸다고 진단했다.

오장	간장	심장, 심포	비장	폐장	신장
감정	성냄	기쁨	생각	근심	놀램

　　현대 철학에서도 이와 같이 몸과 마음을 분리하지 않으려는 시도들이 늘고 있다. 대표적인 철학자가 메를로-퐁티(Maurice Merleau-Ponty, 1908-1961)이다.

　　그는 몸이 단순한 인식의 대상이 아니며 우리는 몸을 통해서 비로소 외부 대상이 주어진다고 이야기했다. 또한 우리가 진정한 우리라고 인식하는 의

그림 10. 메를로-퐁티, 1908~1961

식, 마음의 영역은 실상 실체가 없는 것이라고 이야기했다.

의식은 데카르트의 '생각하는 것(res cogitans)'이라는 개념에서 보듯 일종의 고립된 사물처럼 다루어져 왔다[저 표현에서 res란 라틴어로 사물(thing)을 뜻한다]. 의식은 그 자체로 존재하는 것이 아니라 대상을 향한 운동성을 통해 인식할 수 있는 것이다. 이것을 의식의 지향성이라고 한다.[5]

심신이원론의 한 축이 되는 마음 자체가 고정된 실체가 존재하는 것은 아니다. 그러므로 몸과 마음을 각각의 객체로 바라보는 심신이원론은 실체가 없는 것이다.

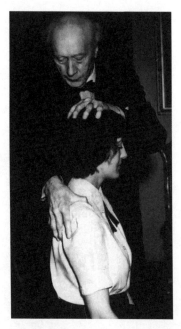

그림 11. F. M. 알렉산더, 1868~1955

---

5) 서동욱, 생활 속의 철학, 네이버캐스트.

알렉산더[6] 테크닉으로 대표되는 Somatics[7]도 몸을 중심으로 인간을 바라보고 있다.

몸은 자연이며, 생명에 대한 진실을 알게 해 주는 것도 몸이며, 우리의 감각, 감정, 생각, 행동 모두 몸의 정신성의 표출이라고 말한다.

> "몸의 사용이 바뀌면 감각과 운동, 감정과 생각이 질적으로 달라진다. 그 과정은 삶 속에서 자신 앞에 그대로 펼쳐진다. 몸의 사용이 바뀔 때 삶을 대하는 태도가 자연스럽게 바뀌게 된다. 자신의 긴장상태가 바뀔 때마다 생각, 감정, 언행이 모두 바뀐다. 몸의 바른 사용으로 건강한 뇌가 기능하게 된다. 그러므로 몸의 바른 사용은 조화로운 삶과 내면의 평화를 이루는 기본 중의 기본이라 할 수 있다."[8]

2) 몸을 아프게 하는 것들

몸을 막는 장애는 신체의 부정렬에 따른 자세의 틀어짐과 동작의 어긋남에서 불필요한 긴장과 근육의 과도한 약화가 원인이다. 물론 심리적

---

6) 프레드릭 마티아스 알렉산더(Frederick Matthias Alexander)는 알렉산더 테크닉(Alexander Technique)의 창시자이다. 알렉산더 테크닉은 오랜 긴장과 잘못된 습관으로 생긴 감각 인식 오류를 수정하고 재인식시키는 과정을 통해 편안한 자세를 회복시킨다.

7) 희랍어 Soma에서 기원한 말로, 몸을 다루는 학문이라는 뜻이다. 몸의 정신성을 전제하고 몸과 마음을 같이 바라보는 심신통합적 치유법의 통칭으로 1970년경 토마스 한나에 의해 정의되었다.

8) 최현묵, 백희숙 저, 『건강한 내 몸 사용법 알렉산더 테크닉』 p. 26, 무지개다리너머, 2016.

요소도 배제할 수는 없지만 이에 대해서는 추후 마음적 요소에도 다루고 여기서는 신체의 부정렬을 해소하는 법에 대해 다루도록 하겠다.

정렬이란 무엇일까? 몸으로 봤을 때 중력의 영향 속에 가장 편안하게 오래 있을 수 있는 자세가 정렬된 자세라고 볼 수 있다. 몸의 정렬이 맞지 않는 사람은 처음엔 틀어진 몸에 맞추어 잘못된 자세가 편안할 수 있다. 하지만 장시간을 같은 자세로 서 있거나 앉아 있을 때 당장은 편할 수 있어도 정렬에 맞지 않는 자세는 결국 긴장과 약화를 가져와 근골격은 어긋나고 통증을 가져오게 된다.

결국, 정렬이라는 것은 장시간 같은 자세로 앉거나 서 있을 때 중력의 영향을 최소한 받으며 통증없이 지속할 수 있는 것이라 볼 수 있다. 지구라는 땅을 밟고 있을 때 중력에 대항하여 가장 효율적인 자세와 동작에 대해 인지하고 이를 구현하는 것이라고 볼 수 있다.

그림 12. 정렬된 자세

그림 13. 부정렬된 자세

그럼 정렬을 이루려면 어떻게 해야 할까? 먼저 스스로 몸을 메타인지하는 과정을 통해 감각을 깨워 가장 편한 자세와 효율적인 동작을 알아차려야 한다. 이를 위해서 처음엔 지식적으로 정렬을 이해하고 이를 체험하는 과정을 통해 감각적으로 이해하는 방법이 효과적이다.

내 몸을 가지고 정렬의 과정을 체험하다 보면, 정렬에 어긋나 있던 신체 곳곳에 긴장이 들어가 있거나 약화된 곳을 발견하게 된다. 이를 개선하는 일이 필요한데 보통 순서는 긴장을 푸는 방법 즉 이완부터 시작한다. 순서가 꼭 정해진 것은 아니지만 약화된 곳을 강화시켜 주는 것보다는 불필요한 힘을 빼는 방법이 초보자에게는 쉬울 것이다.

물론 이완만으로 정렬이 되는 경우도 있지만 이미 구부러진 가지를 펴려면 당분간 부목을 대어 주어야 하듯이 약화된 곳을 강화해 정렬을 중력선과 일치해 주는 것이 필요하다. 나뭇가지가 바람에 자유롭게 흔들리려면 뿌리와 기둥이 튼튼해야 하듯이 이완은 기본적으로 강화와 함께 이루어져야 한다.

한편 감각의 깨어남 없이 단순히 정렬에 대한 지식으로 이를 해결하려 하면, 몸의 외부적인 모습을 보고 가장 어긋난 부분인 신체 말단 부분을 교정하려는 실수를 하게 된다.

예를 들어, 서 있을 때 목의 방향이 어긋난 걸 보고 목 근육 위주로만 교정을 하려고 하면 당장은 효과를 볼 수 있을지라도 장기적으로는 효과를 보기 힘들다.

나무에서 가지가 10cm 어긋난 것은 기둥 부분을 1cm만 수정하여도 대부분 바로잡히듯이, 몸의 중심에서부터 시작하여 몸 전체를 바라보는 관점을 가져야 한다. 앞서 언급한 목의 문제도 척추와 연결하여, 나아가서는 발바닥부터 몸 전체를 같이 살피는 관점으로 바라보고, 이를 실제 몸의 감각을 통해 체험할 때 근본적인 치유를 할 수 있게 된다.

3) 몸을 건강하게 하기 위한 원리

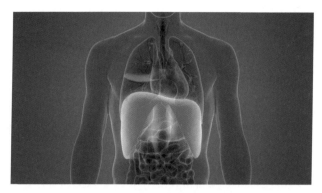

그림 14. 횡격막

정렬은 무엇부터 하면 좋을까? 골격이나 근육의 불균형을 바로잡는 것을 먼저 떠올리지만 무엇보다 우리 몸의 엔진인 심폐와 밀접한 호흡의 정렬이 우선이다.

호흡에서 가장 중요한 근육은 횡격막이며 횡격막의 효율적인 움직임으로 가동성과 탄력을 높일 때 호흡의 양과 질이 좋아진다. 횡격막은 각 동물의 신체 구조에 따라 중력을 효율적으로 활용하는 형태를 띠고 있으며 중력과 같은 방향으로 움직인다. 호흡이 정렬되었다는 것은 날숨에 횡격막이 수직으로 수축되어 숨을 내보내고 들숨에 중력 방향과 일치해 충분히 떨어지며 숨을 들이쉬는 것이다. 호흡이 중력과 정렬을 이루게 되면 불필요한 에너지를 줄이고 긴장이 해소된다.

다르게 이야기하면 중력과 어긋난 방향의 근육의 긴장을 해소하고 중력과 일치하도록 도와주는 근육을 강화하고 활성화하면 호흡의 정렬은 이루어진다.

호흡이 정렬되기 시작하면 몸의 코어를 쉽게 인식하게 된다. 횡격막은 실제적인 코어의 핵심 근육이기도 하다. 서 있고 앉아 있는 자세는 외부에서 보면 정적이지만 호흡과 병행되기 때문에 몸 내부에서는 동적인 움직임이 지속된다. 바른 호흡이 이루어지면 횡격막의 움직임이 중력의 방향과 같아지기 때문에 서있는 자세에서 저절로 횡격막이 반응하게 된다. 그러면 목과 어깨의 긴장이 해소되고 발바닥과 둔근에서 압력들이 느껴지며 바른 자세를 취하게 된다. 이는 앉아 있는 자세에서도 똑같이 적용된다.

호흡할 때, 중력과 다른 방향들로 몸의 에너지를 많이 소비하는 어깨 호흡이나 상부 흉식 호흡 등에 쓰이는 호흡 보조근을 먼저 이완하고 풀어줄 필요가 있다. 이후에 횡격막을 중력 선에 맞추고 횡격막의 움직임을 효율적으로 움직이게 할 강화와 이완 훈련을 한다. 그 결과, 호흡이 깊고 편안해지고, 호흡에 대한 감각도 회복하게 된다.

호흡 인식이 잘되지 않더라도 바른 자세를 익히면 그것만으로도 많은 효과를 볼 수 있다. 바르게 앉는 자세와 서는 자세에 대한 예시는 다음과 같다.

턱은 살짝 당긴다
어깨에 힘을 뺀다
등을 편다
무릎은 90도로 세운다
양발은 바닥에 붙인다

하트명상

그림 15. 앉기와 서기에서의 바른 자세

동작의 정렬에 대해서도 살펴보자. 동작은 고정된 자세와는 접근법이 다를 것이라고 생각할 수 있지만 근본적인 원리는 같다. 호흡에서 시작된 코어의 힘이 몸의 말초까지 뻗어지는 감각을 통해 동작의 정렬을 인식하면 되는 것이다.

예를 들어 요가의 전사 자세를 보면, 호흡에서 시작된 코어 힘을 바탕으로 양손 끝, 머리끝(머리 뒤통수 끝), 양발을 누르는 힘이 유기적으로 이어지는 감각을 인식한다면 정렬된 자세라고 할 수 있다.

단순히 각 자세에서 호흡의 연계성과 몸 전체를 쓰는 인식 없이 동작을 반복하면, 효과는 떨어지고 때론 정렬에서 벗어나 통증이 유발되기도 한다.

동작에서 정렬을 이루려면 많은 연습이 필요하다. 하지만 호흡에서 시작된 코어의 움직임을 몸의 말단 부분인 손끝, 발끝, 머리끝까지 유기적으로 이어지도록 연습하다 보면 동작의 정렬을 저절로 이해하게 된다.

그림 16. 전사 자세에서의 신체 정렬

명상을 이해하는 데 몸의 정렬에 대해 이야기하는 것에 의문을 가질 수 있다. 주의력은 명상에서 중요한 도구 중 하나이다. 주의력이란 몸과 마음을 바라보는 힘이다. 보이지 않는 마음보다 보이는 몸의 감각을 바라보는 것이 상대적으로 쉽다. 몸을 바라보는 주의력이 따로 있고 마음을 바라보는 주의력이 따로 있는 것이 아니다. 또한 집중을 유지하기 위해서는 몸과 마음이 안정되어야 하고, 안정되기 위해서는 불필요한 긴장을 일으키지 않는 바른 자세가 효과적이다. 바른 자세로 몸과 마음을 안정되게 유지할 수 있을 때 불필요한 잡념 없이 맑은 정신으로 오랫동안 집중을 유지할 수 있는 기초를 갖추게 된다.

더 나아가 좋은 자세를 갖추면 명상을 하다가 겪게 되는 허리 통증이나 두통과 같은 부작용도 줄일 수 있다.

3

마음

1) 마음에 대한 구분

우리 내면의 의식 작용을 마음이라고 한다. 마음이라는 이름으로 묶어서 부르지만, 사실 마음은 굉장히 넓은 영역을 아우른다. 일반적으로 마음은 기억과 판단을 다루는 생각, 느낌과 기분을 가리키는 감정으로 구분할 수 있다. 각각의 의식 작용은 고유한 특징이 있으며 그 특징을 이해할 때 우리 마음을 자세히 이해할 수 있다.

① 감각

앞서 언급한 생각과 감정을 이해하기 위해서는 감각에 대해 먼저 살펴보아야 한다. 감각은 자극에 대한 반응이다. 생물은 외부 세계에 반응하여 자신의 생명을 유지한다. 감각은 수용기에 따라 시각, 청각, 후각, 미각, 촉각 등으로 나눌 수 있다.

감각은 마음의 가장 기본 요소가 되고, 이를 통해 우리는 외부 세계를 인식하고 이에 대해 반응하며 이를 바탕으로 생각과 감정을 할 수 있다.

그런 차원에서 감각은 의식의 가장 기초가 된다.

감각은 지금 여기에서 이루어지는 현재성을 가지고 있다. 과거에 이루어진 일에 대해 기억하거나 미래에 이루어질 일을 생각할 수 있지만, 감각은 오로지 지금 이루어지는 것에 대한 반응이다.

명상에서 감각을 중요하게 여기는 이유는 감각의 현재성을 통해 과거로, 미래로 향한 나의 의식의 초점을 지금 여기에 두게 하여 불필요한 생각의 반복을 멈추게 할 수 있기 때문이다.

② 감정

감각이 객관적인 현상이라면, 감정은 주관적인 현상이다. 생명을 위협하고 부정적인 영향을 줄 수 있는 자극에 대해 생명은 피하고 싶어 하고, 생명에 도움이 되는 자극에 대해서는 좋아하고 다가가려고 한다. 이는 생명에 도움이 되는 자극에 대해서는 좋은 느낌(쾌감)으로 발전하고, 위협적인 자극에 대해서는 나쁜 감정(불쾌감)으로 발전했기 때문이다. 사람의 경우, 감정은 처음에는 좋고 나쁨의 두 가지로 나타나다가, 성장하는 것에 따라 보다 다양하고 복잡한 감정으로 발전한다. 미국의 심리학자 에크만(P. Ekman)은 얼굴 표정을 기준으로 공포, 분노, 행복, 혐오, 슬픔, 놀람 등의 여섯 가지 감정을 '기본 감정'이라고 했다.

감정을 표현하는 영어 단어는 2,000개가 넘는다. 연세대 언어정보개발연구원에서 만든 『현대 한국어의 어휘 빈도』에는 6만 5,000개의 단어가 있는데, 이 중 순전히 감정 상태를 표현하는 단어는 434개였다. 그리고 이들 감정 단어를 분류하는 가장 기본적인 기준인 쾌(快)와 불쾌(不快)로 나누어 봤더니, 쾌 감정을 표현하는 단어가 28%, 불쾌 감정의 표현은 72%[9]였다.

감정을 표현하는 말뿐만 아니라 감정이라는 말 자체도 문화적인 개념이다. 그러므로 감정은 선천적인 동시에 학습과 문화에 의한 후천적인 부분을 동시에 가지고 있다.

③ 기억

기억은 이전의 정보를 저장하고 이를 다시 생각해 내는 것을 가리킨다. 기억은 의식에서 매우 중요한 역할을 담당한다. 어떤 사물을 기억하지 못한다면 우리는 사물들을 구분할 수 없고, 사건을 기억하지 못한다면 그

---

9) 최현석 저, 『인간의 모든 감정』, 서해문집, 2011년.

와 같은 상황에서 판단할 수 없고, 내 경험들을 기억하지 못한다면 나에 대한 정체성도 정의할 수 없다. 따라서 기억은 마음의 한 작용이라기보다는 자기 인식과 감정, 생각의 뿌리가 된다.

기억은 크게 단기기억과 장기기억으로 나눌 수 있다. 컴퓨터에 비유하면 단기기억은 RAM(Random Access Memory)에 비유할 수 있다. 쉽게 기억하고 접근할 수 있지만 오랫동안 기억할 수 없는 특징이 있다. 모든 기억은 단기기억 과정을 거쳐 조건에 따라 장기기억을 저장된다.

장기기억은 오랫동안 기억하는 것을 가리키며, 컴퓨터의 HDD(Hard Disk Drive)에 해당한다. 당연히 모든 기억을 장기기억으로 저장하는 것은 효율적이지 않기 때문에 이를 기억할 필요가 있는 상황이나 조건이 해당될 때 장기기억으로 저장한다.

④ 생각

생각은 머릿속에서 가상의 상황을 그려 이를 통해 판단하는 능력이다. 사람의 경우, 언어가 사고에 큰 영향을 미친다. 언어를 통해 우리는 생각을 좀 더 명료하고 고도화할 수 있다. 그렇다고 언어가 생각에 꼭 필수적인 것은 아니다. 많은 동물들이 생각으로 현재 상황에서 그려지지 않는 미래를 유추해서 행동한다. 먹이를 사냥하려고 숨어서 매복을 하는 행동, 쉽게 잡히지 않기 위해 지그재그로 방향을 틀면서 도망치는 행동들은 그다음의 상황을 가정한 생각이 반영된 행동이다.

생각은 눈에 보이지 않는 것을 개념화시키는 추상화를 전제로 한다. 다르지만 특징적인 유사성이 있는 것들을 묶는 것이다. 각각은 조금씩 다르지만 비슷한 특징을 가지고 있을 때, 고양이나 장미와 같은 종류로 묶어서 표현하는 것과 같다.

감각, 감정, 생각, 기억 등은 각각의 요소로 구분할 수 있지만 서로 간에 즉각적이고 긴밀하게 작용하기에 실제로는 구분하기 힘든 경우가 많다.

실재로 쾌감과 고통 같은 일차원적인 감각을 제외하고는 호감이나 그리움 같은 정서는 감정과 기억이 혼재되어 생각보다 복잡한 구조를 가지고 있다.

마치 요리에서 짠맛과 단맛, 향신료의 향기, 온도 등이 복합적으로 요리의 맛을 만들듯이 우리의 마음의 각 요소들이 상호복합적으로 동시에 작용하고 나타난다.

그럼에도 불구하고 각 요소에 대한 구분은 단순하게 '좋다, 나쁘다'를 떠나 이를 분석하고 발전시키는 데 중요한 잣대가 되듯이 마음의 요소에 대한 구분은 마음에 대한 깊이 있는 고찰과 발전에 중요하다.

2) 마음을 아프게 하는 것들

마음이 건강한 상태라면 주변 환경과 스스로에 대해 정확하게 파악하고 이에 대해 적절한 대응을 할 수 있다. 하지만 이런 적절한 대응을 하기 힘들 때 마음은 다른 방법을 통해 이를 해결하려고 한다. 그 대표적인 예시로는 '왜곡된 인지'와 '혐오와 갈망'이 있다.

① 왜곡된 인지

마음은 외부의 정보를 취득해 이를 해석-대응하는 일련의 인식 과정이다. 내가 건강할 때는 정보를 왜곡없이 받아들이는 데 큰 문제가 없으나, 문제는 내가 이를 있는 그대로 받아들이기 힘든 상태가 되었을 때이다.

이때 일어나는 대표적인 현상이 현상을 왜곡해서 인식하는 것이다.

예를 들어 외모에 열등감이 있는 사람의 경우, 길에서 마주치는 사람들이 별 뜻 없이 쳐다보는 시선도 내 외모를 비하해서 쳐다보는 것으로 왜곡해서 생각할 수 있다. 마주치는 사람들의 시선이 힘들고 심해질 경우, 외출과 같은 사회 활동도 힘든 경우가 있다.

부정적인 정보에 민감한 것은 우리 생존을 위해서 꼭 필요하다. 어두운 숲속에서 바스락거리는 소리에 민감하게 반응하는 것은 우리의 생존 확률을 높여 준다. 하지만 과민하고 왜곡된 인지는 그 자체로 우리의 삶을 파괴할 수 있다.

② 혐오와 갈망

혐오는 외부에 대한 공격성은 생존을 위한 필요한 기본적인 요소이다. 우리에게 낯선 이들, 혹은 환경에 대해 경계하고 적대하는 것은 우리의 생존을 지키기 위해 꼭 필요한 반응이다. 하지만 이것이 부적절하게 강

화될 경우, 우리에게 오는 중립적인 부분들, 혹은 긍정적인 부분들까지
거부하게 된다.

이는 우리 삶을 편협하고 하고, 메마르게 한다. 타인과 삶의 여러 요소
들이 나에게 항상 부정적인 것이 아니라는 것을 알아차리고, 외부와 나
스스로에 대해서 공격적인 태도를 내려놓을 수 있을 때 우리 삶은 보다
편안하고 행복하게 될 수 있을 것이다.

갈망은 내가 스스로 부족하다고 생각하는 것을 채우려는 마음이다. 필
요한 자원을 원하는 것은 정상적인 반응이지만 이를 다른 것을 통해 충족
하려는 행동들을 많이 볼 수 있다. 대표적인 것이 과한 명품 소비로 그 브
랜드의 가방이 몇 배 효용성이 있어서 그 가방을 사는 것이 아니다. 명품
소비를 통해 내가 사회적으로 높은 지위에 있다는 것을 표현하고 이를 통
해서 내 자존심을 채우기 위한 소비인 것이다.

과식의 경우도 실제로 몸에서 음식이 필요해서 먹는 경우도 있지만, 마
음의 공허함을 음식을 통해서 충족하려고 할 때, 몸이 원하는 것 이상으
로 음식을 탐하게 되어 몸에 문제가 생긴다.

왜곡된 인지, 혐오와 갈망의 근원을 살펴보면 이것들은 우리 생명을 지
키기 위한 자연스러운 본능에서 시작되었다. 다만 원시 시대에 대부분
완성된 우리의 본능을 복잡한 현대 사회를 사는 우리가 사용한다면 당연
히 문제가 생길 것이다. 칼도 잘 쓰면 훌륭한 도구가 되지만 잘못 쓸 경우
나와 타인을 해칠 수 있다. 우리의 마음 작용이 어떻게 시작되고 발현되
는지에 대한 이해는 우리 삶을 가꾸는 데 꼭 필요하다.

3) 마음을 건강하게 하기 위한 원리

하트명상에서는 마음을 건강하게 하는 과정으로 다음의 단계를 제안한다.

감각 깨우기 → 정화 → 객관적 인지 → 자기 조절 → 자애

① 감각 깨우기(Grounding)

우리가 가지고 있는 문제를 있는 그대로 알아차리기 위해서는 문제를 있는 그대로 마주할 수 있어야 한다. 하지만 문제 속에 갇혀 생각이 복잡한 상태에서는 이를 온전히 바라볼 수 없다. 따라서 먼저 복잡한 마음을

가라앉히는 과정이 필요하다. 우리 마음은 끊임없이 과거의 사건, 미래에 대한 걱정을 향한다. 이를 지금 여기에 두기 위해서는 감각에 주목할 필요가 있다. 감각은 지금 여기에서 일어나는 현상이기에 감각에 집중함으로써 우리의 의식은 지금 여기에 오게 된다.

하지만 마음이 오랫동안 생각을 위주로 움직였기에 감각을 깨우는 과정이 처음부터 쉽지는 않다. 처음에는 감각이 깨어나는 과정을 이해하고 이를 반복하는 연습이 필요하다. 마음은 내면의 의식 작용으로 주의를 통해 훈련이 가능하다. 주의[10]란 마음이 현재 머물러 있는 영역인데 크게 두 가지 특성을 가지고 있다. 자동으로 강한 자극에 반응하는 자동성과

---

10) 주의는 몇 가지 특징에 따라 나누어 구분할 수 있다.

가. 초점 주의

한 가지에 초점을 맞추고 그에 반응하는 능력을 말한다. 육상 선수가 출발 신호를 기다리는 순간이 그러한 예이다. 그 순간 관중들이 내는 소음은 모두 '들리지 않는다.'

나. 지속적 주의

주의 대상이 여기저기로 바뀌는 특성이 있다. 예를 들어 자동차를 만드는 공정에 있어 어느 한 부분에 집중한 것은 아니지만, 만드는 공정 전반의 행위에 집중을 유지하는 것을 가리킨다.

다. 선택적 주의

지속적 주의와 비슷하지만, 하나의 대상에 주의 집중하고 이를 흐트러트리지 않고 유지하는 것을 가리킨다. 예를 들어 골프 퍼팅을 하는 데 있어 주변에 다른 것들에 대한 것은 잊고 퍼팅(putting)하는 것에만 집중하는 것이 있다.

라. 교체 주의

한 대상에서 다른 대상으로 재빨리 주의를 옮기는 과정을 가리킨다. 화가가 그림을 그리는데 모델과 그림에 번갈아 주의를 집중하는 것이 대표적인 예이다.

마. 분산 주의

'멀티테스킹(multitasking)'이라고 부르는 능력이다. 두 가지 이상의 경쟁적인 대상에 주의를 골고루 집중하는 것을 가리킨다.

의지를 통해 움직일 수 있는 의도성이 그것이다. 이 특성을 활용해 생각의 흐름에 머물러 있는 주의를 몸의 감각으로 가져오는 연습을 할 수 있다. 이것이 감각 깨우기이다.

감각을 깨우는 과정은 간단하다. 몸의 오감들을 하나하나 깨워서 그 느낌에 머물러 있으면 된다. 생각에 수시로 빠져드는 주의를 몸에 머무르게 하려면 다양한 감각이 깨어나야 한다. 감각이 느껴져야 호기심을 통해 주의가 자동으로 현재의 몸에 머물고 의지를 통해 머무름을 연장할 수 있기 때문이다. 감각이 깨어나지 않았는데 상대적으로 자극이 강한 생각과 감정을 그대로 두고 억지로 마음을 몸의 감각에 머무르게 하면 감각의 관찰은 쉽게 지루해지고 억지로 하는 숙제가 되어 버린다. 반대로 감각이 섬세하게 깨어나면 마음이 감각에 머무는 시간이 저절로 길어져 생각이 줄어들고 마음이 고요해진다.

촉감을 예로 들면, 감각을 깨우기 전에는 대부분 한두 가지 느낌만 느껴진다. 그런데 촉감을 세밀히 깨우면 물체와의 접촉감(地), 공기의 흐름에 대한 접촉감(風), 피부의 온도(火), 피부에서 느껴지는 촉촉함(水)과 같이 다양한 느낌을 느끼고, 자연스럽게 그 느낌 속에 고요하게 머물 수 있게 된다. 이는 미각과 청각 후각 등 다른 감각도 마찬가지이다.

이처럼 감각 깨우기는 명상을 시작하는 단계에서 매우 중요하다. 감각을 깨우다 보면 처음엔 표면적인 감각에 머물지만, 훈련을 거듭하다 보면 몸 내부의 감각인 내장 감각과 고유 수용 감각을 느낄 수 있게 되며, 보다 섬세한 감각에 머물 수 있게 된다. 섬세한 감각 속에 머물수록 마음은 생각의 흐름에서 해방되기 시작한다. 이렇게 감각을 깨워 지금 여기에 닻을 내린 마음은 물결의 파문이 점차 가라앉듯이 자연스럽게 고요해지고 관찰을 할 수 있는 여유가 생긴다.

② 정화

감각을 깨워 몸을 관찰하는 습관을 가져가면 일상에서 상황에 마주했을 때 오는 심리적 반응, 즉 감정을 마주했을 때 몸의 반응이 이전에 비해 잘 느껴진다. 오랫동안 고착화된 부정적 감정 패턴은 비슷한 상황에서 동일한 몸의 반응을 일으키는데 이 관성은 매우 강하여, 다른 선택을 하기 힘들다. 불완전하고 건강하지 못한 패턴임을 알아도 현상을 깨뜨리고 새로운 선택을 하는 것은 큰 용기와 에너지가 필요하다. 따라서 상황에 대한 감정 상태를 완화시켜 기존의 패턴을 약화할 필요가 있으며 하트명상에서는 이 단계를 감정 수용(정화)이라고 한다.

앞에서 언급한 것처럼 감각에 대한 주관적 판단은 감정이다. 이를 주관하는 기관은 뇌의 편도체[11]이다. 여러 신경망을 통해 들어온 감각은 편도체를 통해 어떻게 처리할지 정리되고 감정 반응도 결정한다. 이때 편도체와 상호작용하여 감정에 대한 이성적 판단을 하는 곳이 내측 전전두피질(mPFC)[12]이다. 그런데 편도체와 상관된 감정을 담당하는 부위의 신경망 네트워크는 내측 전전두피질과 상관된 이성을 담당하는 신경망보다 3배나 많다는 연구가 있다. 즉 이성보다는 감정을 기반으로 한 판단과 행동이 이루어질 확률이 높다.

편도체는 근육처럼 직접 조절할 수 없다. 따라서 슬픔이나 분노 불안 등의 감정을 직접 조절하는 것은 어렵다. 감각을 깨워 편도체가 활성화될 때 일어나는 몸의 변화를 빠르게 느끼고, 내측 전전두피질(mPFC)과의 상호 조절을 할 수 있는 여유를 확보하면 감정을 조절할 수 있게 된다.[13]

편도체 활성화 여부는 직접 느낄 수 없지만 몸의 감각을 통해 이를 감지할 수 있다. 감각을 깨워 내장 감각과 고유 수용 감각을 잘 느끼게 되면, 감정이 시작되는 시점에 몸의 감각을 통해 편도체 활성화를 보다 쉽게 알 수 있다. 이렇게 감정이 일어나는 초반에 감각에 머물러 알아차리면 내측 전전두피질(mPFC)이 이를 분석하고 처리할 여유와 시간이 충분하다. 하지만 몸을 느끼지 못하면 감정은 누적되어 편도체가 이미 활성

---

11) 편도체(Amygdala)는 감정의 경험과 표현을 담당하는 뇌의 부분으로 아몬드라는 이름에서 유래하였는데, 우리나라는 복숭아 씨와 닮았다고 해서 편도체라고 부른다.

12) 뇌의 바깥쪽에 해당하는 대뇌피질의 앞쪽에 해당하는 전두피질 가운데, 보다 앞쪽에 해당하는 부분을 전전두피질이라고 하고, 이 중 안쪽면을 내측 전전두피질(Medial Prefrontal Cortex)이라고 한다.

13) 편도체와 전전두피질의 작용은 상보적 관계로, 하나가 활성화되면 다른 쪽은 억제-안정된다.

화되어 내측 전전두피질(mPFC)이 상호작용할 시간이 부족해 이를 조절할 시간을 놓치게 되는 경우가 많다.

하트명상에서는 감정의 수용[14] 단계를 통해 감정과 함께 느껴지는 몸의 감각에 머무는 연습을 반복해 편도체와 내측 전전두피질(mPFC)이 상호작용할 수 있는 공간과 시간의 여유를 만든다. 이 여유 공간은 강하게 고착된 감정 패턴을 전환할 수 있게 해 준다.

그림 17. ⟨The Bewitched Man⟩, Francisco Goya

---

14) 그림자: 융(C. G. Jung)이 제안한 개념으로 각자가 가지고 있는 무의식 영역에 잠재된 인격의 어두운 부분을 가리킨다. 자기 감정을 인지하고 수용하고 정화하면 과거에 억압하고 눌러놨던 감정을 알아차리게 되고 수용을 통해 감정을 정화할 수 있다.

③ 객관적 인지

감각을 깨워 몸을 인식하고 감정을 느끼는 과정은 과거의 기억과 경험에서 비롯된 왜곡된 인지와 부정적 감정에 대한 객관화를 가능하게 한다. 감정의 수용 초반에는 수많은 기억을 회상하며 물감을 물결에 흘려보내듯이 부정적 감정이 서서히 해소된다. 고착화된 감정을 수용하여 충분히 해소하다 보면, 이후의 과정은 점점 빨라진다. 감정이 해소되면 나의 상황을 보다 객관적으로 바라볼 수 있게 된다.

과거의 경험과 지식을 바탕으로 상황을 판단하는 것은 빠르게 판단하는 데 도움이 된다. 하지만 사물은 항상 변화하기 때문에 고정된 개념[15]

---

15) 개념(槪念, concept)은 여러 관념 중에서 공통적이고 일반적인 요소를 추출하고 종합하여 얻은 보편적인 관념을 말한다. 개념의 예로는 '동물', '나무', '빨강' 등을 들 수 있다.

은 항상 맞을 수 없다. 더욱이 각자의 입장과 시야에 따라 바라보는 관점은 현상을 있는 그대로 바라보기 힘들게 한다.

이런 이유로 자기의 관점을 스스로 객관화하여 이를 알아차리고 조절한다는 것은 상당히 어렵다.

감각을 깨워서 부산했던 생각이 고요해지고 감정이 잦아들면 현재의 감각에 머물러 객관적 인지를 할 수 있다. 예를 들어 컵을 개념의 관점으로 보면 컵으로만 보이지만 아이가 처음 컵을 보았을 때처럼 감각으로 인지하면 상식적으로 생각하는 컵의 용도를 벗어나 다양한 관점으로 바라볼 수 있다.

비슷한 예로 색안경의 비유를 들 수 있는데, 노란색 색안경을 쓰고 바라본다면 세상은 온통 노란색으로 보인다. 색안경을 벗어야 비로소 본래 세상의 색깔을 있는 그대로 바라볼 수 있다.

이처럼 관념에서 벗어난 상태에서는 왜곡된 인지를 조망할 수 있다. 이 관찰의 시간 속에 머무르는 가운데 무의식 속에서 자동 처리되던 인식을 지금 이 순간 깨어 있는 의식으로 변화시킬 수 있다.

이 변화와 통찰의 순간이 계속되면 어느 순간 내적 통합이 이루어지며 "아하~!" 하는 경험을 하게 된다. 이 자각의 순간을 통해 우리는 문제를 있는 그대로 온전히 바라볼 수 있게 된다.

④ 자기 조절

습관을 고치기 힘든 이유는 그것이 잘못되고 불편할지라도 기존의 습관을 유지하는 것이 더 익숙하고 사람들은 익숙한 것은 이미 검증된 것이기에 안정을 느끼고 반복하기 때문이다. 이것은 산에서 길이 새롭게 생기는 과정과 매우 유사하다. 많이 다녔던 길은 비록 멀리 돌아가는 길일

지라도 많이 다녔기에 찾기도 쉽고 풀도 없어 걷기 쉽다. 새로운 길은 그 길이 빨리 가는 길이라도 풀이 무성해서 찾기 힘들고 걷기도 쉽지 않다. 어떤 새로운 행동 패턴을 가지는 것은 신경세포인 뉴런의 새로운 연결망을 얻는 것으로 익숙하게 되기 전까지 연습이 필요하다.[16]

비록 앞서 수용과 객관적 인지를 통해 새로운 선택하기로 결심했더라도 관성에 의해 우리는 오랜 습관을 따라갈 확률이 매우 높다.

이 경우 새로운 선택과 변화를 하기 위해서는 기존의 방식으로 실행하기 전 잠시 멈추고 새로운 선택을 할 수 있는 여유(공간)을 확보해야 한다. 새로운 선택을 위한 여유를 만드는 데는 다양한 기술을 사용할 수 있는데, 대표적인 것이 호흡(Breathe), 이완(Relax), 느끼기(Feel), 바라보기(Watch), 허용하기(Allow)가 있다. 이런 방법을 통해 여유를 확보하고 새로운 방식을 진행하고자 하는 방향에 따라 진행한다. 이 선택의 과정은 쉽고 빠르게 이루어지는 편도체 중심의 즉각적 반응이 아니라 판단과 선택을 통해 이루어지는 전전두피질 중심의 반응이며 이 과정을 통해서 기존의 무의식적, 비판단적, 습관적 반응들은 새롭게 변화할 수 있다.

익숙한 습관과 새로운 선택의 갈림길에서 잠시 멈춰 새로운 선택을 하는 과정은 실제 삶을 변화하는 데 꼭 거쳐야 한다.

---

16) 장기강화작용(Long Term Potentiation): 모든 신경의 전달은 시냅스를 통해서 이루어지는데 자주 사용하는 시냅스에서는 수용체의 크기가 증가한다. 또한 뉴런의 전기신호를 효과적으로 전달하도록 돕는 미엘린의 두께도 더 두꺼워진다. 이런 이유로 한 번 강화된 습관은 새롭게 하는 것보다 훨씬 쉽게 실시된다.

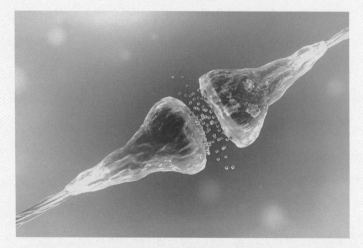

그림 18. 시냅스 간의 신경물질 전달

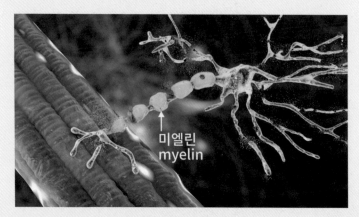

미엘린
myelin

그림 19. 신경세포, 뉴런의 모습

⑤ 자애

　우리의 의식은 나와 나를 둘러싼 세계와의 관계 속에서 만들어진다. 얼핏 생각해서는 다른 이들과 별개로 생각되는 나에 대한 정의와 평가, 태도도 나 혼자 존재할 때는 아무 의미가 없으며 타인과의 관계를 전제로 형성된다. 거울 뉴런 이론에 잘 나와 있듯 우리는 내가 직접 경험하지 않은 경험과 태도를 나의 것으로 소화할 수 있는 능력을 가지고 있다. 이는 학습적인 부분에만 작용하지 않으며, 영화나 드라마를 볼 때, 그 인물들의 감정에 동화해서 같이 기뻐하고 눈물을 흘리도록 한다. 내가 직접 경험하지 않더라도 타인의 감정과 행동에 직접적으로 영향을 받는 것이다.

　따라서 내면의 평화와 행복은 나 자신에게만 초점을 맞추는 것이 아니라 타인과의 관계로 확대될 때 완성될 수 있다. 그 관계는 나 자신과의 관계부터 시작하여, 나와 가까운 이, 공동체, 그리고 모든 생명들까지 포함한다.

그 관계는 나에게 긍정적일수도 있고 부정적일수도 있다. 그 관계를 해석하는 과정은 대부분 정확하지 않다. 왜냐하면 우리의 해석은 정확성이 중요한 것이 아니라 유용한 것이 중요하기 때문이다. 인간은 부정적 정보에 특히 예민한 부정 편향적 특성을 가지고 있다. 생명을 유지하는 데는 백 번의 긍정적인 신호보다 한 번의 부정적인 신호가 판단하기 때문이다. 백 번 먹이를 찾아가는 행위보다 한 번 적을 피해서 생명을 유지하는 것이 중요한 것이다. 그렇기 때문에 살아가면서 부정적인 감정이 더 많은 것은 당연하다. 하지만 우리 삶을 보다 나은 것으로 변화시키기를 선택한 우리는 이를 그대로 방치하는 것이 아니라 더욱 건강하고 아름답게 가꾸기를 원한다.

분노와 두려움과 같은 부정적인 감정들에 압도되는 것도 아니고, 이를 단순히 없애야 하는 장애물로 보는 것도 아니다. 부정적인 감정들이 나 자신을 보호하기 위한 수단이었다는 것을 이해하고, 이를 넘어 보다 성숙한 방법으로 나를 포함한 모든 존재들과의 관계를 발전시키는 것이다.

그런 의미에서 사랑은 가장 강력한 수단이다. 이는 나와 다른 이들의 존재를 있는 그대로 인정하고 받아들이는 자세이며, 자신과 세상과 화해하고 긍정하기 위한 가장 강력한 수단이다.

실제로 사랑과 애착관계에서 생기는 호르몬인 옥시토신은 스트레스와 통증을 감소시키고, 인지능력을 향상시키고, 행복감을 높여 주는 효과가 있다.

긍정적이고 사랑하는 마음을 가지겠다고 해서 마음대로 되지는 않는다. 『하트명상』에서는 사랑을 강화하는 방법을 명상을 통해 구체적으로 제시하며 이를 통해 일상에 적용할 수 있는 마음의 힘을 키운다.

III

하트명상 실기

몸

1) 정렬을 위한 호흡법

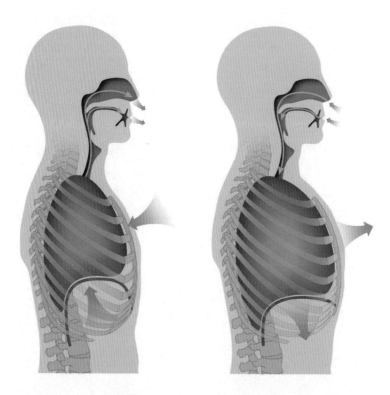

그림 20. 호흡 시 호흡 기관의 움직임

정렬을 위한 호흡의 사용법은 다음과 같다.

- 호흡의 주동근인 횡격막의 움직임을 원활하게 사용한다.
- 등과 복부 전체가 호흡에 맞춰 움직인다.
- 횡격막을 전체적으로 사용한다. (복부가 앞으로만 움직이는 복식 호흡이 아님)
- 호흡의 속도는 들숨과 날숨이 일정하게 이루어진다.

정렬이 되지 않은 호흡은 다음과 같은 특징이 나타난다.

- 호흡 보조근인 목 근육과 흉근의 움직임이 과도하게 나타난다.
- 숨소리가 거칠고, 불규칙적이다.
- 몸통 전체가 사용되는 것이 아니라 어느 한 부분을 과도하게 사용한다.

a. 호흡 점검

- 손을 가슴과 복부에 대고 움직임을 관찰한다.
- 몸 앞쪽 가슴의 움직임은 적고, 뒤쪽 늑골의 움직임이 많은 것이 좋다.
- 복부는 앞쪽만 움직이기보다는 전체적으로 움직이는 것이 좋다.

b. 정렬 호흡 실습

▶ 과활성화된 호흡 보조근 이완하기

- 흉식 호흡을 일정한 리듬으로 실시하여 호흡 보조근을 이완한다.

▶ 호흡 보조근(흉근과 어깨 근육) 억제를 통한 늑간근 감각 깨우기

\- 호흡 보조근을 억제하며 공기는 저절로 폐 하단까지 들어오게 한다.

▶ 늑간근 수축을 통한 횡격막 스트레칭(비틀기를 활용한 늑골 수축)

\- 횡격막 가동성 확보하여 횡격막의 움직임을 활성화시킨다.

▶ **들숨 날숨을 고르며 늑간근 활용한 횡격막 움직임 느껴 보기**

- 숨을 마실 때 횡격막이 수축하여 내려온다. 숨을 내쉴 때 횡격막이 이
완되며 올라온다.

BREATHING

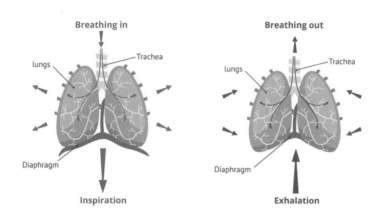

▶ **복식호흡으로 횡격막 움직임 느껴 보기**

- 횡격막의 가동성이 커지면 몸통의 수축 확장 범위가 확대되어 몸통이
전체적으로 움직이며 호흡한다.

2) 기본 수련

체조는 호흡과 동반하여 진행한다. 내쉴 때 큰 동작이 이루어질 수 있도록 호흡을 조절한다. 체조 진행 시 몸을 전체적으로 느끼며, 동시에 주요 근육을 인식하도록 연습한다. 동작이 익숙해지면 체조를 할 때 횡격막 호흡을 하여 횡격막을 충분히 사용하도록 한다.

① 서서

a. 흔들기

순환계에 부담이 없이 몸을 풀어 주고, 전신의 긴장을 해소한다.

▶ 동작 설명
- 발을 11자로 나란히 하여 어깨 너비로 벌려 선다.
- 팔과 겨드랑이 사이를 살짝 벌리고, 고관절과 무릎 반동으로 전신을 가볍게 흔든다.
- 호흡은 코로 3초간 마시고 입으로 5초간 내쉰다.
- 허리를 좌우로 돌리면서 자연스럽게 흔든다.
- 리듬을 주면서 상체가 좌우로 틀어질 때 내쉬고, 정면으로 올 때 들이 쉰다.
- 팔을 머리 위로 들고 손목을 힘차게 앞뒤로 흔든다.
- 천천히 멈추고 몸, 마음, 호흡을 관찰한다.

▶ 마음 집중
- 몸 전체를 관찰하면서 전신을 이완한다.
- 발로 지면을 미는 반발력을 충분히 이용한다.

▶ 효과
- 전신의 기혈 순환을 촉진한다.
- 긴장과 피로를 해소한다.

b. 호흡 고르기

동작과 호흡을 통해 횡격막 움직임을 관찰한다.

▶ 동작 설명
- 발을 11자로 나란히 하여 어깨 너비로 벌려 선다.
- 깍지를 끼고 손바닥을 하늘로 향하며 마시고, 아래로 향하며 내쉰다.
- 3회 반복하며 호흡과 함께 횡격막의 움직임을 관찰한다.

▶ 마음 집중
- 들숨에 횡격막이 내려가고, 날숨에 횡격막이 올라가는 움직임을 관찰한다.
- 날숨을 조금 길게 하여 늑골이 조여지며 횡격막이 올라가는 감각을 먼저 느끼도록 유도한다.
- 횡격막이 느껴지지 않을 경우 처음엔 이미지로 상상하며 진행한다.

▶ 효과
- 횡격막의 움직임을 인식할 수 있게 된다
- 횡격막 호흡을 통해 긴장이 이완된다.

c. 위로 늘이기

호흡과 함께 전신을 늘린다.

▶ 동작 설명
- 발은 어깨 너비에서 복부 앞에서 깍지를 낀다.
- 숨을 마시며 손을 서서히 올리고 내쉬며 몸 전체를 늘린다.
- 발바닥으로 지면을 지긋이 누르며 전신을 늘린다.
- 내쉴 때 횡격막을 가볍게 끌어올리며 동작을 진행한다.
- 마실 때 손을 가볍게 내려 주고 내쉴 때 반복하며 동작을 깊게 진행한다.
- 2~3회 호흡과 함께 반복한다.

▶ 마음 집중
- 상체만 늘리기보다 발바닥을 눌러 주며 전신을 늘린다.
- 몸 전체가 늘어날 수 있도록 전신을 골고루 느껴 본다.
- 들숨에 횡격막이 내려가고, 날숨에 횡격막이 올라가는 움직임을 관찰
  한다.

▶ 효과
- 척추와 전신 관절의 긴장이 해소되어 전신의 혈액 순환이 원활하게
  된다.

d. 좌우로 늘이기

몸 전체를 좌우로 길게 늘린다.

▶ 동작 설명

- 숨을 마시며 손바닥을 서서히 올리고 내쉬며 몸을 천천히 한쪽으로 숙인다.
- 늘리는 쪽 발바닥 지면을 지그시 누르며 한쪽 전신을 늘린다.
- 내쉴 때 횡격막을 가볍게 끌어올리며 동작을 진행한다.
- 마시며 힘을 빼고 중앙으로 돌아온다.
- 반대편도 같은 방법으로 한다.
- 2~3회 호흡과 함께 좌우로 반복한다.

▶ 마음 집중

- 허리나 늑골만 집중적으로 늘리기보다 전신을 늘린다.
- 허리와 몸의 통증을 관찰하여 강도를 조절한다.
- 늘리는 쪽 몸 전체가 늘어날 수 있도록 발부터 손바닥까지 느껴본다.
- 들숨에 횡격막이 내려가고, 날숨에 횡격막이 올라가는 움직임을 관찰한다.

▶ 효과

- 좌우 균형을 바로잡아 준다.
- 허리와 옆구리의 뭉침을 풀어 통증을 해소한다.
- 좌우 늑골과 허리가 풀려 장부의 혈액 순환이 원활하게 된다.

e. 서서 하는 소고양이 자세

호흡에 맞춰 척추를 구부렸다 펴는 동작을 반복한다.

▶ 동작 설명

- 발을 어깨 너비로 벌리고 머리 뒤에 깍지를 낀다.
- 마시며 팔꿈치를 펼쳐 가슴을 펴 주고, 내쉬며 팔꿈치를 당겨 등을 둥글게 만다.
- 앞쪽을 펼 때 명치부터 이마까지 골고루 늘려 주고, 등을 늘려 줄 때 척추부터 뒷머리까지 골고루 늘린다.
- 2~3회 호흡과 함께 반복한다.
- ※ 주의사항: 목을 무리하게 당기거나 젖히지 말고, 머리부터 상체 척추를 골고루 앞뒤로 늘린다.

▶ 마음 집중

- 척추뼈 하나하나가 늘어지는 감각을 느낀다.
- 들숨에 횡격막이 내려가고, 날숨에 횡격막이 올라가는 움직임을 관찰한다.

▶ 효과

- 굽은 등과 목을 펴 주어 호흡을 편안하게 해 준다.
- 상부 척추가 골고루 풀려 머리가 맑아진다.

f. 어깨 좌우 비틀기

양팔을 멀리 뻗으면서 비튼다.

▶ 동작 설명

- 발을 어깨 너비로 벌리고 숨을 마시며 양팔을 옆으로 벌린다.

- 내쉬며 위팔부터 아래팔까지 골고루 엇갈려 비튼다.

- 팔을 비틀 때 손끝을 양옆으로 늘려 주어 등과 가슴이 펴질 수 있도록 한다.

- 마시며 정면을 바라본다.

- 2~3회 호흡과 함께 좌우로 반복한다.

※ 주의사항: 어깨를 비틀기보다는 위팔과 아래팔을 골고루 비튼다.

▶ 마음 집중

- 팔 전체와 몸 중심 근육의 모두 느낄 수 있도록 손끝을 최대한 뽑으며 비튼다.

- 들숨에 횡격막이 내려가고, 날숨에 횡격막이 올라가는 움직임을 관찰한다.

▶ 효과

- 팔과 어깨의 긴장을 골고루 해소하고 어깨 근육 뭉침을 풀어 준다.

- 어깨의 좌우 틀어짐을 교정한다.

- 팔과 손의 혈액 순환을 원활하게 한다.

g. 깍지 껴 척추 비틀기

척추를 길게 늘인 상태에서 몸을 비튼다.

▶ 동작 설명

- 숨을 마시며 깍지를 껴 손바닥을 위로 올리고, 내쉬며 상체를 비튼다.
- 골반과 하체는 고정하고 상체 척추 위주로 비튼다.
- 마시며 정면을 바라보고 몸에 긴장을 풀어 준다.
- 2~3회 호흡과 함께 좌우로 반복한다.
- ※ 주의사항: 하체와 골반이 움직이지 않도록 안정시키고, 척추를 골고루 늘려 준 후 비튼다.

▶ 마음 집중

- 먼저 척추를 하나하나 늘려 준 이후에 척추와 주변 근육이 비틀어지는 감각을 함께 느낀다.
- 들숨에 횡격막이 내려가고, 날숨에 횡격막이 올라가는 움직임을 관찰한다.

▶ 효과

- 척추 전체의 긴장을 골고루 해소하고 허리 뭉침을 풀어 준다.
- 척추의 좌우 틀어짐을 교정한다.
- 장부의 혈액 순환이 원활하게 된다.

h. 앞뒤 늘이기

몸의 앞과 뒷면을 전체적으로 늘인다.

▶ 동작 설명

- 숨을 내쉬며 몸을 천천히 아래로 숙인다.
- 호흡을 3회 반복하며 발바닥, 종아리, 허벅지, 척추를 골고루 늘린다.
- 척추를 느끼며 몸을 세운다.
- 한 발을 앞으로 내밀고 양손을 모아 상체를 뒤로 젖힌다.
- 늑골로 마시고 내쉬며 몸 전체를 뒤로 조금 깊숙이 젖혀 준다.
- 반대 발도 진행한다.
- 필요에 따라 2회 정도 전후굴을 반복한다.

※ 주의사항: 허리를 너무 깊게 숙이거나 젖혀 무리하지 않도록 한다.
   몸의 특정 부분보다는 전체를 골고루 늘린다. 척추 질환이 있는 경
   우, 통증에 유의하여 무리하지 않는다.

▶ 마음 집중

- 몸이 머리부터 발끝까지 연결되어 있음을 인식하고 골고루 늘려 준다.
- 들숨에 횡격막이 내려가고, 날숨에 횡격막이 올라가는 움직임을 관찰
  한다.

▶ 효과

- 몸 전체를 앞뒤로 골고루 늘려 주어 온몸 혈액 순환을 원활하게 한다.
- 굽은 등과 허리를 펴 주어 자세를 바르게 한다.
- 척추가 유연하고 강해진다.
- 몸 전체를 자극하여 전신을 활력 있게 한다.

i. 다리 벌려 비틀기

양발을 넓게 벌려 무릎을 짚고 척추를 비튼다.

▶ 동작 설명

- 발끝과 다리를 양옆으로 벌려 준 후 양손을 무릎 위에 놓는다.
- 양손으로 무릎 안쪽을 밀어 주며, 한쪽 어깨를 앞으로 내밀어 척추를 비튼다.
- 마시며 중앙으로 돌아오고, 내쉬며 반대쪽 어깨를 내밀며 척추를 비튼다.
- 2~3회 호흡과 함께 좌우로 반복한다.

※ 주의사항: 유연하지 않은 사람은 무리해서 다리를 벌리지 않도록 한다.

▶ 마음 집중

- 허벅지 안쪽이 늘어나는 감각과 꼬리뼈부터 뒷머리 끝까지 연결되어 비틀리는 감각을 동시에 느낀다.
- 들숨에 횡격막이 내려가고, 날숨에 횡격막이 올라가는 움직임을 관찰한다.

▶ 효과

- 고관절과 골반을 순환시켜 준다.
- 척추와 골반의 좌우 틀어짐을 개선시켜 준다.

② 앉아서

a. 내전근 스트레칭

한쪽 다리를 길게 뻗어 늘린다.

▶ 동작 설명

- 쪼그려 앉은 자세에서 무릎과 발끝을 벌리고, 양손으로 바닥을 짚는다.
- 좌우 골반을 가볍게 수차례 움직여 골반과 고관절의 긴장을 풀어 준다.
- 숨을 깊이 마시고 내쉬며 등과 허리를 펴고 서서히 다리를 펴본다. 처음엔 무리하게 다 펴지 않는다. 숨을 반복해 다리를 좀 더 편다.

- 숨을 마시며 손을 이동해 중앙으로 돌아오고 서서히 반대쪽 다리를 편다.
- 무리해서 한 호흡에 하지 않고 두세 번 호흡을 반복하며 진행한다.
- 허벅지 안쪽이 이완되면 발끝을 당겨서도 진행한다.
- 호흡과 함께 좌우로 4회 이상 반복한다.
※ 주의사항: 유연하지 않은 사람은 무리해서 다리를 벌리지 않도록 한다. 손을 바닥에 짚어 체중을 충분히 분산해서 동작한다.

▶ 마음 집중
- 등과 허리를 펴 준 상태에서 허벅지 안쪽부터 발뒤꿈치 안쪽까지 골고루 늘린다.
- 무리해서 진행하지 않고 호흡을 2~3회 반복하며 천천히 늘린다.
- 좌우의 차이를 느끼고 긴장된 곳을 조금 더 길게 진행해 본다.
- 들숨에 횡격막이 내려가고, 날숨에 횡격막이 올라가는 움직임을 관찰한다.

▶ 효과
- 고관절과 골반의 불균형을 해소한다.
- 골반과 하체 순환을 골고루 시켜 준다.

b. 장요근 스트레칭

골반 앞쪽 장요근을 길게 늘린다.

▶ 동작 설명

- 한쪽 다리를 앞으로 내밀어 무릎을 세우고, 반대쪽 다리는 뒤로 빼 무 릎을 대고 앉는다.

- 양손을 무릎 위 허벅지에 놓고 호흡을 마시고 내쉬며 몸을 일직선으 로 세워 준다.

- 호흡과 함께 골반을 앞으로 이동하고, 서서히 상체를 뒤로 젖혀 장요 근을 늘린다.

하트명상

- 호흡을 이어 가며 점점 깊숙이 동작을 진행한다.

- 반대쪽도 진행한다.

※ 주의사항: 근력이 부족하고 유연하지 않은 사람은 무리해서 동작을 하지 않는다. 호흡을 이어 가며 동작을 자연스럽게 이어 가는 연습을 한다.

▶ 마음 집중

- 허리와 복부 근육을 고정시키고 장요근을 느끼며 늘린다.

- 좌우의 차이를 느끼고 긴장된 곳을 조금 더 길게 진행한다.

- 들숨에 횡격막이 내려가고, 날숨에 횡격막이 올라가는 움직임을 관찰한다.

▶ 효과

- 골반의 혈액 순환을 원활하게 한다.

- 틀어진 골반을 교정하는 데 도움이 된다.

- 허리 통증을 완화한다.

c. 소고양이 자세

하트명상

척추를 앞뒤로 구부렸다 펴는 동작을 반복한다.

▶ 동작 설명

- 손은 어깨 아래, 무릎은 골반 아래에 놓고 네발 자세를 취한다.
- 들숨에 가슴을 펴 주며 소 자세, 날숨에 등을 말아 주며 고양이 자세를 반복한다.
- 호흡을 조금 길게 가져가며 소 자세에서는 치골에서 이마까지 몸 앞면을, 고양이 자세에서는 꼬리뼈부터 뒷머리 끝까지 뒷면을 골고루 늘린다.
- 호흡과 함께 충분히 반복한다.
- ※ 주의사항: 몸의 일부분이 과도하게 젖혀지거나 주름지지 않도록 골고루 늘려 주며 진행한다.

▶ 마음 집중

- 호흡과 함께 척추의 유기적 움직임을 관찰해 본다.
- 들숨에 횡격막이 내려가고, 날숨에 횡격막이 올라가는 움직임을 관찰한다.

▶ 효과

- 척추와 주변 근육을 골고루 순환시켜 준다.
- 허리 통증과 척추 질환 개선에 효과적이다.

d. 비둘기 자세

둔근을 깊게 늘린다.

▶ 동작 설명

- 한쪽 다리를 안으로 접고, 반대 다리는 무릎을 펴 뒤로 길게 뻗는다.
- 가슴과 복부가 바닥에 가까워지도록 상체를 앞으로 숙인다.
- 호흡을 3회 정도 반복하며 복부와 가슴을 바닥으로 가져간다.
- 마시는 숨에 상체를 서서히 세워 본다.
- 깊은 호흡과 함께 복횡근을 조이며 몸을 꼿꼿이 세운다.
- 서서히 자세를 풀어 주며 반대쪽도 같은 방법으로 진행한다.

※ 주의사항: 근력이 부족하고 유연하지 않은 사람은 무리해서 많이 숙
  이지 않는다. 손을 바닥에 짚어 체중을 충분히 분산해서 진행한다.

▶ 마음 집중

- 엉덩이와 골반 앞쪽 근육을 충분히 느낀다.
- 무리해서 진행하지 않고 호흡을 2~3회 반복하며 천천히 늘린다.
- 좌우의 차이를 느끼고 긴장된 곳을 조금 더 오래 진행한다.
- 들숨에 횡격막이 내려가고, 날숨에 횡격막이 올라가는 움직임을 관찰
  한다.

▶ 효과

- 둔근과 주변 근육의 유연성을 향상시킨다.
- 좌골신경통을 완화한다.
- 좌우 골반의 틀어짐을 개선한다.

e. 뱀 자세

화난 코브라가 몸을 세우듯 상체를 세운다.

▶ 동작 설명

- 엎드린 자세에서 양손을 겨드랑이 옆으로 가져간다.
- 허벅지와 골반이 닿은 상태에서 숨을 마시며 척추 근육과 팔 근육을
  활용해 상체를 세운다.
- 치골은 바닥에 닿은 상태에서 복부를 단단히 고정하고 늑골로 호흡을
  조절하며 가슴을 편다.
- 숨을 마시며 서서히 내려와 엎드려 호흡을 고른다.

하트명상

- 호흡과 함께 2~3회 반복한다.

※ 주의사항: 팔의 힘으로 하기보다 척추와 몸통의 힘을 활용해 뱀처럼
  몸을 세워 준다. 디스크 증상이 있으면 무리하지 않는다.

▶ **마음 집중**

- 둔근과 척추 주변 근육의 수축을 느끼며 복부와 가슴을 충분히 늘린다.

- 허리를 무리하게 꺾기보다는 상체를 골고루 젖힌다.

- 들숨에 횡격막이 내려가고, 날숨에 횡격막이 올라가는 움직임을 관찰
  한다.

▶ **효과**

- 복부의 긴장을 해소하여 장기의 순환을 좋게 한다.

- 폐와 심장의 기능을 활성화시킨다.

- 등과 척추 근육을 강화한다.

f. 아기 자세

몸을 둥글게 말아 편안히 휴식한다.

▶ 동작 설명
- 무릎을 꿇고 엉덩이를 바닥 쪽으로 눌러 앉는다.
- 엉덩이로 뒤꿈치를 눌러 주며 천천히 상체를 숙여 준다.
- 자연스럽게 팔을 바닥에 내려놓고 1~3분 정도 자세를 유지한다.
- 등으로 호흡하며 몸을 이완해 준다.
※ 주의사항: 엉덩이로 뒤꿈치를 충분히 눌러 주며 허리를 이완한다.

▶ 마음 집중
- 꼬리뼈부터 뒷머리까지 이완한다.
- 들숨에 횡격막이 내려가고, 날숨에 횡격막이 올라가는 움직임을 관찰한다.

▶ 효과
- 등 전체를 편안히 이완한다.
- 운동으로 지친 몸의 피로를 풀어 준다.

③ 누워서

a. 구르기

하트명상

몸을 동글게 말아 앞뒤로 구른다.

▶ 동작 설명

- 무릎을 가슴 쪽으로 가져와 손으로 무릎을 감싼다.
- 바닥을 앞뒤로 구르며 바닥과 척추가 닿는 감각을 느낀다.
  앞뒤로 구르면 충분히 반복한다.
※ 주의사항: 척추 근육이 골고루 바닥에 닿을 수 있도록 느낀다.

▶ 마음 집중

- 구를 때 척추와 바닥이 닿는 감각들을 하나하나 느낀다.

▶ 효과

- 등 근육을 마사지하여 긴장을 풀어 준다.
- 복부 근육을 강화한다.
- 좌우 불균형을 해소한다.

b. 허리 비틀기 이완

누운 상태에서 허리를 비튼다.

▶ 동작 설명

- 누워서 허벅지와 정강이를 각각 90도로 들어 준다.

- 다리를 모아 한쪽 바닥으로 넘긴 후 손으로 무릎을 고정한다.

- 호흡을 내쉬며 반대쪽 어깨와 팔을 눌러 주며 상체를 비튼다.

- 호흡을 반복하며 같은 자세에서 깊게 비튼다.

- 숨을 마시며 돌아오고 반대쪽도 진행한다.

- 좌우 반복해 준다.

※ 주의사항: 이완 동작으로 호흡을 통해 천천히 진행한다.

▶ 마음 집중

- 척추가 충분히 이완되는 감각을 느껴 본다.

- 들숨에 횡격막이 내려가고, 날숨에 횡격막이 올라가는 움직임을 관찰
  한다.

▶ 효과

- 어깨와 척추의 긴장을 해소한다.

- 소화와 배설을 촉진한다.

c. 모관 운동

팔다리를 들고 가볍게 흔든다.

▶ 동작 설명

- 누워서 팔과 다리를 하늘 위로 쭉 펴 준다.

- 몸통은 고정하고 팔과 다리를 빠르게 흔든다.

- 충분히 흔들어 준 후 팔과 다리를 바닥에 내려놓는다.

- 길게 내쉬며 긴장을 해소한다.

※ 주의사항: 몸통은 되도록 고정하고 팔과 다리를 위주로 흔든다.

▶ 마음 집중

- 팔과 다리를 흔들며, 손발의 체액과 피가 몸통으로 흘러내려오는 상
  상을 한다.

- 호흡은 깊게 마시고 길게 내쉰다.

▶ 효과

- 팔다리의 피로를 해소한다.

- 몸 안의 독소를 빼 주는 디톡스(detox) 효과가 있다.

- 신진대사를 원활하게 해 주어 불면증에 효과적이다.

3) 약식 수련

체조는 호흡과 동반하여 진행한다. 내쉴 때 큰 동작이 이루어질 수 있
도록 호흡을 조절한다.

a. 몸통 흔들기

본격적인 체조에 앞서 전신을 가볍게 이완한다.

▶ 동작 설명
- 엉덩이를 좌우로 흔들어 척추 전체를 가볍게 흔든다.

▶ 마음 집중
- 골반의 움직임에 맞춰 등과 허리의 긴장을 푼다.

▶ 효과
- 척추의 긴장을 풀어 준다.

b. 횡격막 느끼기

횡격막을 사용하는 호흡법을 익힌다.

▶ 동작 설명
- 손을 늑골 아래쪽 횡격막 옆에 둔다.
- 마실 때 횡격막이 내려오고 늑골이 옆으로 펴진다.
- 내쉴 때 횡격막이 올라오고 늑골이 원위치로 돌아온다.

▶ 마음 집중
- 호흡에 따른 횡격막의 움직임에 집중한다.

▶ 효과
- 호흡에 횡격막을 이용하여 깊은 호흡을 하게 된다.

c. 호흡 고르기

횡격막을 사용하는 호흡법을 익힌다.

▶ 동작 설명
- 마실 때 깍지 낀 손을 아래로 내린다.
- 마실 때 깍지 낀 손을 위로 올린다.
- 횡격막을 이용한 깊은 호흡을 한다.

▶ 마음 집중
- 호흡에 따른 횡격막의 움직임에 집중한다.

▶ 효과
- 호흡에 횡격막을 이용하여 깊은 호흡을 하게 된다.

d. 위로 늘이기

호흡과 함께 전신을 늘린다.

▶ 동작 설명
- 숨을 마시며 깍지 낀 손을 위로 올리며 몸 전체를 늘려 준다.
- 내쉬며 깍지를 풀어 팔을 옆으로 펼쳐 내린다.

▶ 마음 집중
- 팔만 위로 뻗기보다는 몸 전체를 늘린다.
- 호흡과 동작을 맞춰서 한다.

▶ 효과
- 척추와 전신 관절의 긴장이 해소되어 전신의 혈액 순환이 원활하게
  된다.

e. 등가슴 펴기

호흡에 맞춰 척추를 구부렸다 펴는 동작을 반복한다.

▶ 동작 설명

- 머리 뒤에 깍지를 낀다.
- 마시며 팔꿈치를 펼쳐 가슴을 펴 주고, 내쉬며 팔꿈치를 당겨 등을 둥글게 만다.
- 앞쪽을 펼 때 명치부터 이마까지 골고루 늘려 주고, 등을 늘려 줄 때 척추부터 뒷머리까지 골고루 늘린다.
- 2~3회 호흡과 함께 반복한다.

※ 주의사항: 목을 무리하게 당기거나 젖히지 말고, 머리부터 상체 척추를 골고루 앞뒤로 늘린다.

▶ 마음 집중

- 척추뼈 하나하나가 늘어가는 감각을 느껴 본다.
- 들숨에 횡격막이 내려가고, 날숨에 횡격막이 올라가는 움직임을 관찰한다.

▶ 효과

- 굽은 등과 목을 펴 주어 호흡을 편안하게 해 준다.
- 상부 척추가 골고루 풀려 머리가 맑아진다.

f. 좌우 펴기

몸 측면을 좌우로 길게 늘린다.

▶ 동작 설명

- 머리 뒤에 깍지 끼고 가슴을 편다.
- 숨을 내쉬며 몸을 천천히 옆으로 기울이며 몸의 측면을 늘린다.
- 마시며 중앙으로 돌아온다.
- 반대쪽도 같은 방법으로 실시한다.

▶ 마음 집중

- 옆으로 숙이기보다는 펴는 데 집중한다.
- 상체가 앞으로 숙여지지 않도록 주의한다.

▶ 효과

- 좌우 균형을 바로잡아 준다.
- 허리와 옆구리의 뭉침을 풀어 통증을 해소한다.
- 좌우 늑골과 허리가 풀려 장부의 혈액 순환이 원활하게 된다.

g. 상체 비틀기

척추를 길게 늘인 상태에서 몸을 비튼다.

▶ 동작 설명
- 숨을 마시며 머리 뒤에 깍지를 끼고 가슴을 편다.
- 숨을 내쉬며 상체를 비틀어 준다.
- 골반과 하체는 고정하고 상체 척추 위주로 비튼다.
- 마시며 정면을 바라보고 몸에 긴장을 풀어 준다.
- 2~3회 호흡과 함께 좌우로 반복한다.

▶ 마음 집중
- 먼저 척추를 늘려 준 이후에 척추와 주변 근육이 비틀어지는 감각을 함께 느낀다.
- 들숨에 횡격막이 내려가고, 날숨에 횡격막이 올라가는 움직임을 관찰한다.

▶ 효과
- 척추 전체의 긴장을 골고루 해소하고 허리 뭉침을 풀어 준다.
- 척추의 좌우 틀어짐을 교정한다.
- 장부의 혈액 순환이 원활하게 된다.

h. 팔 비틀기

양팔을 멀리 뻗으면서 비튼다.

▶ 동작 설명

- 양팔을 옆으로 벌려 준다.
- 내쉬며 위팔부터 아래팔까지 골고루 엇갈려 비튼다.
- 팔을 비틀 때 손끝을 양옆으로 늘려 주어 등과 가슴을 편다.
- 마시며 정면을 바라본다.
- 2~3회 호흡과 함께 좌우로 반복한다.
※ 주의사항: 어깨를 비틀기보다는 위팔과 아래팔을 골고루 비튼다.

▶ 마음 집중

- 팔 전체와 몸 중심 근육을 모두 느낄 수 있도록 손끝을 최대한 뽑으며 비튼다.
- 들숨에 횡격막이 내려가고, 날숨에 횡격막이 올라가는 움직임을 관찰한다.

▶ 효과

- 팔과 어깨의 긴장을 골고루 해소하고 어깨 근육 뭉침을 풀어 준다.
- 어깨의 좌우 틀어짐을 교정해 준다.
- 팔과 손의 혈액 순환을 원활하게 한다.

i. 어깨 돌리기

어깨 관절을 원을 그리며 돌린다.

▶ 동작 설명

- 손끝을 어깨에 가볍게 올린다.

- 팔꿈치를 가슴 앞에 모았다가 숨을 마시며 팔꿈치를 위로 올린다.

- 내쉬는 숨에 팔꿈치를 원을 그려 옆으로 내린다.

- 호흡에 맞춰 팔꿈치를 원을 그리는 느낌으로 어깨 관절을 돌린다.

- 반대 방향도 같은 방법으로 실시한다.

▶ 마음 집중

- 자신의 어깨 가동 범위에 무리가 되지 않는 선에서 실시한다.

- 무리가 되지 않는 선에서 조금씩 크게 원을 그리면서 동작한다.

- 호흡에 맞춰 실시한다.

▶ 효과

- 어깨 움직임을 좋게 한다.

- 어깨 결림을 해소한다.

j. 목 돌리기

목을 원을 그리며 돌린다.

▶ 동작 설명

- 숨을 내쉬며 고개를 숙인다.
- 숨을 마시면서 고개를 옆과 뒤로 돌린다.
- 숨을 내쉬며 고개를 옆과 앞으로 돌려 숙인다.
- 호흡에 맞춰 원을 그리며 동작을 반복한다.
- 같은 방법으로 반대 방향도 실시한다.

▶ 마음 집중

- 어깨가 끌려 올라가지 않게 주의한다.
- 크게 돌리기보다 목의 긴장을 해소하는 데 주안점을 둔다.

▶ 효과

- 목의 움직임을 좋게 한다.
- 목과 연결된 신경을 풀어 머리를 맑게 해 준다.

k. 허리 돌리기

허리를 원을 그리며 돌린다.

▶ 동작 설명
- 척추를 편 상태에서 숨을 내쉬며 앞으로, 숨을 내쉬며 뒤로 원을 그리며 돌린다.
- 원이 작아진다는 느낌으로 천천히 멈춘다. 이때 멈추는 포인트는 몸의 무게 중심축에 맞춘다.
- 반대쪽도 같은 방법으로 실시한다.

▶ 마음 집중
- 오뚝이가 가볍게 원을 그리다 천천히 멈추며 가운데 위치를 찾는 것과 같이 한다.
- 바닥과 닿는 면과 몸의 무게 중심을 느끼며 실시한다.

▶ 효과
- 앉아서 명상을 하기 앞서 자세를 바르게 해 준다.

4) 행공법

　행공이란 명상을 하기 전 몸과 호흡을 연결하고 호흡에 집중하기 위한 수련법이다. 체조를 통해 몸의 감각이 회복되고 몸의 정렬이 어느 정도 이루어지면, 행공으로 호흡을 통한 정렬을 집중적으로 진행한다. 들숨 날숨을 각각 3초로 시작하여 조금씩 늘려 간다. 내쉬는 호흡에 횡격막을 끌어올리고, 마시는 호흡에 힘을 뺀다.

① 행공 1번

누워서 팔다리 뻗은 후 이완시킨다.

▶ 동작 설명

- 누워서 팔과 다리를 하늘 위로 쭉 편다.
- 3초간 숨을 내쉬며 팔다리를 쭉 뻗어 손끝과 발끝을 당긴다.
- 3초간 마시며 팔과 다리를 허공에 두고 힘을 가볍게 뺀다.
- 들숨에 횡격막을 당겨주고 내쉬며 횡격막을 내려놓는다.
- 횡격막 호흡에 집중하며 동작을 10회 반복한다.

※ 주의사항: 유연성이 부족하면 다리를 완전히 뻗지 않고 손끝, 발끝
  만 당긴다.

▶ 마음 집중

- 횡격막의 움직임에 지속적으로 집중하며 횡격막의 가동성을 확보한다.

▶ 효과

- 팔다리의 피로 해소 및 팔다리 수족냉증 해소에 좋다.
- 전신 혈액 순환 도움이 된다.
- 횡격막 가동성 증가 및 심폐 개선에 효과적이다.

② 행공 2번

쟁기 자세에서 다리 뻗은 후 이완시킨다.

▶ 동작 설명

- 누워서 다리를 머리 위로 넘겨 쟁기 자세를 취한다.
- 쟁기 자세에서 3초간 숨을 내쉬며 다리를 쭉 뻗어 발끝을 당긴다.
- 자세를 유지한 채 3초간 마시며 다리의 힘을 빼고 이완한다.
- 들숨에 횡격막을 당겨 주고 내쉬며 횡격막을 내려놓는다.
- 횡격막 호흡에 집중하며 동작을 10회 반복한다.

※ 주의사항: 유연성이 부족하면 손으로 허리를 받치고 진행한다. 다리
　는 유연성에 맞게 뻗는다.

▶ 마음 집중

- 횡격막의 움직임에 지속적으로 집중하며 횡격막의 가동성을 확보한다.

▶ 효과

- 척추 순환 및 등쪽 긴장이 해소된다.
- 전신 혈액 순환에 도움이 된다.
- 횡격막 가동성 증가 및 심폐 개선에 효과적이다.

③ 행공 3번

와공(臥功) 및 좌공(座功) 호흡을 한다.

행공 1번, 2번을 충분히 연습해서 횡격막의 가동성이 커지는 호흡이 가능하게 되고, 호흡에 따른 몸통의 움직임이 자연스럽게 복부와 허리로 확장되면 행공 3번을 진행한다.

▶ 동작 설명

- 누워서 손바닥이 하늘을 보게 한 후 팔을 뻗어 주고, 다리는 허벅지와 무릎을 90도로 굽혀 든다.
- 자세를 유지한 채 3초간 마시고 내쉬며 호흡을 반복한다.
- 와공을 3~5분 진행한 후 호흡이 자연스러우면 앉아서 반가부좌 후 호흡을 이어 간다.
- 좌공 호흡 시 몸통의 확장과 수축을 통해 횡격막의 움직임을 관찰한다.
- 복부 전체로 호흡을 충분히 진행하고 마무리한다.
※ 주의사항: 횡격막의 움직임을 통해 자연스럽게 복부가 사방으로 확장되는지 느낀다.

▶ 마음 집중

- 횡격막과 몸통의 자연스러운 움직임을 지속적으로 관찰한다.

▶ 효과

- 복압이 증가되고, 호흡이 깊어진다.
- 심신이 안정되고 편안해진다.
- 횡격막 가동성 증가 및 심폐 개선에 효과적이다.

2

마음

각각의 명상이 한 가지 요소만을 가지고 있는 것은 아니지만 접근의 편의성을 위해 단계로 구분한다. 다만 수련을 함에 있어 그 접근과 효과는 달라질 수 있다. 예를 들어 호흡명상의 경우, 감각을 깨우는 명상으로 수련할 수 있으나 그 과정에서 인지 과정 전체를 조망하는 통찰명상(객관적 인지)으로 접근할 수도 있다.

1) 감각 깨우기

① 숨결 따라가기

숨을 쉴 때 몸에서 일어나는 감각을 알아차리는 명상법으로, 초보자도 쉽게 따라 할 수 있다.

호흡은 고정된 대상이 아니라, 일어나고/변하고/사라지는 현상이며, 항상 하기 쉽다는 점에서 명상에서 가장 먼저 하고, 또 중요하게 다루는 주제이다.

호흡명상은 호흡으로 일어나는 신체 감각에 의식을 두는 명상이다. 호흡 자체를 조정하는 호흡법과는 구분된다. 호흡은 몸 전체가 관여하지만, 초심자의 경우, 코끝이나 복부와 같이 호흡의 반응이 잘 보이는 부분을 중심으로 호흡명상을 하는 것이 쉽다. 그중에서도 코끝에서 느껴지는 숨결을 관찰하는 '숨결 따라가기'가 초심자가 하기에는 가장 쉽다.

기초라고 하지만, 앞서 언급했듯이 호흡은 고정된 대상이 아니라 일어나고, 변하고, 사라지는 현상이라는 점에서 고정화된 실체가 없다는 점은 명상의 본질까지 다룰 수 있는 중요한 주제가 된다.

처음에는 코로 숨이 들어오고 나가는 감각을 느끼는 데에서 시작한다. 이후 코뿐만 아니라 가슴과 복부 등 호흡에 따라 움직이는 부분을 관찰한다. 이 과정에서 움직임뿐만 아니라 몸 안에서 여러 압력의 변화들이 생긴다. 이는 우리 몸 안쪽의 수용 감각을 관찰할 수 있는 좋은 기회이다. 우리는 감정을 비롯한 내적 변화에 대해 관심을 두지 않는 경우가 많다. 이는 자기 스스로를 관찰할 수 있는 능력(메타인지)을 퇴화시킨다. 호흡으로 일어나는 움직임을 관찰하는 훈련은 이 자체로 훌륭한 집중 훈련이자, 동시에 복압의 변화, 횡격막의 움직임과 같이 평상시 관찰하지 못했던 내적 감각과 소통할 수 있는 기회가 된다. 호흡에 대한 관찰은 스스로에 대한 인지를 키우며 더 나아가 내적 경험을 통제할 수 있는 능력을 키울 수 있다.

▶ 실습

- 양손을 무릎 위에 올려놓고, 어깨와 가슴을 펴 자세를 바로 한다.

- 눈을 살포시 감고 깊고 길게 숨을 고르며 마음을 안정시킨다.

- 자연스러운 호흡의 리듬을 느끼며, 주의를 코끝에 둔다.

- 코끝에서 느껴지는 감각을 통해 호흡을 알아차린다.

- 들숨의 시작과 날숨의 끝을 '알아차림' 한다.

- 자연스러운 호흡의 리듬을 느끼며, 주의를 가슴과 복부에 둔다.

- 호흡에 의해 가슴과 복부가 움직이는 감각을 알아차린다.

- 복부에서 느껴지는 호흡의 흐름과 리듬을 느낀다.

- 움직임뿐만 아니라 몸의 압력, 흐름과 같은 내부 감각을 관찰한다.

② 말초 감각 깨우기

손에서 느껴지는 다양한 감각을 알아차린다.

우리는 감각을 통해 세상을 인식하고, 이것은 우리 의식의 기반이 된다. 감각의 상태에 따라 나와 세상에 대한 인식이 달라지는 것이다. 감각은 자극이 있을 때 반응하는 수동적인 부분도 있지만 우리가 의식을 집중하는 정도에 따라 느껴지는 정도가 달라지는 능동적인 부분도 있다. 의식이 집중됨에 따라 처음에는 감각의 유무만 느껴지는 수준에서 정도와 차이가 세밀하게 느껴진다. 감각을 세밀하게 관찰하는 힘은 우리 자신과 내면의 연결을 보다 긴밀하게 연결할 수 있도록 하며, 명상의 주제인 의식을 조절하는 기초가 된다.

▶ 실습

- 눈을 살포시 감고 깊고 길게 숨을 고르며 마음을 안정시킨다.

- 양손을 무릎 위에 10센티 정도 위에 둔다.

- 손가락에 힘을 배고 손바닥에서 느껴지는 감각에 집중하고 느낀다.

- 온도, 부피, 감촉, 밀도 등 다양한 감각을 찾아본다.

- 손목의 스냅을 이용해 양손을 위아래로 아주 가볍고 천천히 움직인다.

- 손에서 느껴지는 감각을 느낀다.

- 몸 전체에서 느껴지는 감각에 잠시 머문다.

③ 바디 스캔(Body scan)

몸을 스캔을 하듯이 관찰하여 몸의 감각을 알아차린다.

바디 스캔은 신체 감각을 마치 스캐너로 스캔하듯, 있는 그대도 알아차리는 훈련이다. 이때 느껴지는 감각을 어떤 평가나 해석 없이 있는 그대로 알아차리는 것이 핵심이다. 해당되는 신체 감각을 느끼다가 집중이 안 되면 의식을 호흡에 두었다가 다시 신체 감각에 집중한다. 바디 스캔을 하다 보면 평상시 의식을 많이 하는 몸의 앞쪽이나 상체는 비교적 집중하기 쉽지만, 의식을 하지 않는 몸의 뒤쪽이나 하체는 집중하기 힘든 것을 알 수 있다. 지폐를 세는 은행원의 손끝이 섬세하게 개수를 세는 것과 같이 신체 감각은 훈련을 통해서 좋아지게 할 수 있다.

더불어 바디 스캔은 몸의 긴장을 풀어 주는 데 탁월한 효과가 있다. 이는 이완명상이라고 소개되는 명상들 대부분이 바디 스캔 명상인 것을 보면 알 수 있다. 평상시 우리는 불편함은 느끼지만 실제 몸의 감각을 관찰하는 경우는 적다. 평소 대화가 부족해서 말을 편하게 하기 힘든 아이는 짜증과 울음으로 표현을 한다. 우리 몸도 마찬가지로 평상시 그 느낌에 귀 기울이는 소통이 충분히 되지 않을 경우, 단지 불편함과 통증으로 관심을 끌 뿐이다. 처음에는 가벼운 소소한 대화(small talk)를 하다 어느 순간 담아 뒀던 속 이야기를 풀어낼 때, 서로 관계가 편해지듯이 우리 몸도 관찰과 관심이 충분해질 때 묻어 놨던 긴장을 녹이기 시작한다.

긴장이 풀리는 과정에 졸음이 많이 오는 것은 당연하나, 자기 전이 아닌 경우, 잠을 청하는 용도로 하는 것은 수련의 발전 차원에서는 권장하지 않는다.

▶ **실습**

- 의자나 벽에 기대거나 자리에 누워 자세를 편안히 한다.
- 눈을 살포시 감고 깊고 길게 숨을 고르며 마음을 안정시킨다.
- 얼굴부터 발까지 몸의 감각을 차례로 살핀다.
- 몸 전체의 감각을 느낀 후 불편한 감각을 내쉬는 호흡과 함께 놓아 버린다.
- 자연스러운 호흡을 하며 편안하고 이완된 느낌에 머문다.

2) 정화

① 감정 흘려보내기

내면의 감정을 알아차려 이를 잘 조절할 수 있게 한다.

감정은 외부에 대한 우리 반응의 총체적 태도이다. 이를 정상적으로 드러내는 것이 가능한 상황에서는 우리는 감정을 자연스럽게 표현하지만 외부의 압력 등에 의해 이를 그대로 드러내는 것이 힘든 상황인 경우 이를 자연스럽게 표현하지 못한다. 이런 상황이 반복될수록 우리는 우리 감정을 그대로 받아들이지 못하고 숨기고 왜곡하게 된다. 이 상황이 고착되면 결국에는 우리 감정을 정확하게 알아차리기도 힘든 경우가 생긴다.

우리가 우리 내면과 화해하고 치유하기 위해서는 먼저 우리 감정을 있는 그대로 바라보고 받아들일 필요가 있다. 감정 흘려보내기는 감정을 있는 그대로 바라보는 훈련으로 우리 감정에 대한 감수성을 높이고 감정적으로 건강한 상태를 회복하는 데 도움을 준다.

▶ 실습

- 양손을 무릎 위에 올려놓고, 어깨와 가슴을 펴 자세를 바로 한다.
- 깊고 긴 호흡으로 마음을 안정시킨 후, 자연스러운 호흡으로 돌아온다.
- 자신의 마음을 모든 것을 있는 그대로 비추는 깨끗한 거울을 상상한다.
- 사랑하는 사람을 떠올리며 일어나는 감정을 저항하지 않고 있는 그대로 허용한다.
- 감정에 머물며 감정이 변화하며 약해지는 것을 느낀다.
- 미워하는 사람을 떠올리며 일어나는 감정을 저항하지 않고 있는 그대로 허용한다.
- 감정에 머물며 감정이 변화하며 약해지는 것을 느낀다.
- 가볍고 편안해진 느낌에 충분히 머문다.

② 관계 지우기

나를 힘들고 무겁게 하는 관계를 내적 선언을 통해 지운다.

우리는 관계 속에서 살아간다. 그 관계는 우리의 삶을 풍요롭게 하기도 하지만, 때로는 힘들게 하기도 한다. 나를 힘들게 하고 무겁게 하는 관계는 끊어 낼 필요가 있다. 그것은 꼭 실제적인 행동을 하지 않더라도 내면의 선언을 통해서 이루어질 수 있다. 말은 생각을 구체화시키는 힘을 가지고 있다. 말을 통해 우리는 우리의 생각을 실현시킬 수 있다. 나를 힘들고 무겁게 하는 불필요한 관계를 내면의 선언을 통해 정리할 수 있다. 이를 통해 우리는 우리 삶을 보다 쉽고 가볍게 접근할 수 있다.

▶ 실습

- 나를 힘들게 하는 사람이나 일을 떠올린다. 떠올리면서 느껴지는 감각을 관찰한다.

- 마음속으로 다음의 문장을 반복해서 말한다.

"나와 그 사람과의 관계는 지난 일이다."

"나는 지금 이 모든 관계를 파괴하고 삭제한다."

- 몇 차례 반복하고 몸의 감각을 관찰한다. 실시하기 전과 비교한다.

③ 가슴 이완 명상

길게 내쉬는 호흡을 통해 답답한 가슴을 풀어 준다.

대부분 사람들이 스트레스를 오랫동안 받으면 가슴이 답답하다. 이를 해소하기 위해 자신도 모르게 가슴을 두드리거나 길게 한숨을 쉬기도 한다. 편안하고 안정된 상태라면 우리는 횡격막을 이용해서 깊게 숨을 쉬지만 긴장된 상태에서는 얕게 숨을 죽이게 된다. 장시간 이와 같은 상태가 유지되면, 숨을 쉬는데 메인 근육인 횡격막을 이용하지 못해 원래 호흡을 보조해야 하는 근육들이 무리하게 되어 가슴이 답답하게 된다. 이 상황이 지속되면 깊은 호흡을 하기 힘들어지고, 이는 이완을 하기 힘든 상태가 되는 악순환을 겪게 된다. 내쉬는 숨을 길게 하는 호흡은 호흡에 관련된 근육을 이완하는 데 도움이 된다.

우리는 호흡을 통해서 몸의 긴장과 이완을 담당하는 자율신경을 조절할 수 있다. 긴장하여 숨을 죽이는 과정을 살펴보면 숨을 살짝 들이마신 상태에서 숨을 머금고 있는 것을 알 수 있다. 우리 몸은 숨을 마시는 동안에는 몸의 긴장을 촉진시키는 교감신경을 활성화시키고, 숨을 내쉬는 동안에는 몸의 이완을 촉진시키는 부교감신경을 활성화시킨다. 정상적인 상황이라면 들이마시는 시간과 내쉬는 시간이 비슷한 비율을 맞추어 자율신경의 리듬이 맞아야 하지만, 이 균형이 깨진 상태에서는 호흡의 길이를 통해 조율하는 것도 한 방법이다.

만성적인 스트레스에 시달리기 쉬운 현대인들은 교감신경이 항진된 경우가 많고, 이 경우 내쉬는 호흡을 길게 하면 저하된 부교감신경을 활성화시켜 자율신경의 리듬을 조율하는 데 도움이 된다.

▶ **실습**
- 양손을 무릎 위에 올려놓고, 어깨와 가슴을 펴 자세를 바로 한다.
- 깊고 긴 호흡으로 마음을 안정시킨 후, 평소 호흡으로 돌아온다.
- 호흡의 리듬을 느끼며 들숨에 가슴을 부풀리고 날숨에 가슴을 가볍게 조인다.
- 들숨에 맑은 공기가 가슴으로 들어온다고 상상한다.
- 날숨에 답답한 느낌이 손끝으로 빠져나간다고 상상한다.
- 호흡과 일치된 가슴의 움직임을 반복하며 편안해지는 가슴의 느낌에 집중한다.

3) 객관적 인지

① 사물 느끼기

현상을 있는 그대로 관찰하는 통찰력을 기를 수 있다.

우리는 사물을 인식할 때, 그 사물의 이름, 용도를 바탕으로 인식한다. 남자, 사과, 의자, 자동차와 같은 명칭으로 인식한다. 예를 들어 의자라고 부르면 명칭은 그 사물을 앉는 용도로 국한되어 인식하게 하며 이를 벗어난 다양한 관점을 제한한다. 이는 사물을 있는 그대로 인식하는 데 방해가 된다. 사물에 대해 그것의 명칭과 용도 등 기존의 관념에서 벗어나 그 존재 자체로 인식하는 것은 쉽지 않지만 연습을 통해 가능하며 이는 우리의 사고를 보다 유연하고 넓게 하는 데 도움이 된다.

하트명상

▶ **실습**

- 호흡을 통해 마음을 안정시킨다.

- 눈을 뜨고 사물(물건)을 하나 선택한다.

- 사물의 가운데를 바라본다. 시선의 초점을 사물의 내부 가운데에 두고 사물을 느낀다.

- 있는 그대로의 느낌에 머문다.

- 사물에 대한 이름이나 용도 등이 떠오르거나 잡념이 일어나면 다른 사물로 바꿔서 연습한다.

② 생각에 제목 달기

생각에 제목을 붙여 보면 나와 상황을 객관적으로 인지하는 데 도움이 된다.

우리는 평소 수많은 생각과 감정 속에서 지낸다. 한두 가지의 생각은 우리가 알아차릴 수 있지만 너무 많은 생각은 소음과 같이 그 내용을 알아차릴 수 없다. 소음 속에서는 여러 소리들을 구분할 수 없는 것처럼 복잡한 생각은 우리가 인식할 수 없고, 이는 그 생각을 통제할 수도 없게 한다. 소음 속에서 각각의 소리를 구분해서 살펴보면 알 수 있듯이 우리의 복잡한 생각들도 그것을 구분해 보면 어렵지 않게 각각의 생각을 알 수 있다. 이는 생각에 끌려가는 것이 아니라 생각을 정리하고 내면의 주도권을 유지하는 데 도움이 된다.

▶ **실습**

- 호흡을 통해 마음을 안정시킨다.

- 유심히 마음을 한번 바라보고 일어나는 생각을 알아차린다.

- 거리를 두고 생각을 바라보며 생각에 제목을 달아 본다.

③ 숨결 사이 알아차리기

숨결 사이 멈춤의 공간을 알아차린다.

우리는 경험을 할 때 비단 감정이 격한 상태가 아니더라도 자신만의 어떤 틀을 가지고 경험을 해석한다. 하지만 지속적으로 변화하는 대상을 계속 인식하고 그 인식의 대상이 사라져 인식의 주체만 남은 연습을 반복하게 되면 자신만의 틀이었음을 알고 객관적 인지를 하는 데 도움이 된다. 변화의 대상은 여러 가지가 될 수 있지만 우리가 살면서 항상 하고 있는 호흡은 특히 관찰의 대상으로 매우 유용하다. 호흡은 고정된 대상이 아닌 숨이 들어오고 나가는 일련의 변화 과정이다. 또한 몸과 마음의 상태에 따라 끊임없이 변화하기에 관찰 연습을 하기 매우 좋다.

▶ 실습
- 호흡을 조절하려는 어떤 의도도 없이 그냥 호흡에 주의만 기울인다.

- 숨이 들어오고 나가는 순간 사이, 잠시 멈춤의 순간을 찾아 경험한다.
- 숨이 나갔다가 들어오는 순간 사이, 잠시 멈춤의 순간을 찾아 경험한다.
- 관찰 대상인 호흡은 없지만 알아차림만 존재하는 순간을 느낀다.

4) 자기 조절

① 수식관

숨이 들어오고 나가는 것에 맞춰 숫자를 세면서 관찰한다.

人命在幾間 인명재기간

呼吸之間 호흡지간

삶은 '숨 들이마시고 내쉬는 사이'다.

- 석가모니

수식관은 들어오고 나가는 호흡에 맞추어 숫자를 세어, 의식이 호흡에서 벗어나지 않게 하는 명상이다. 불교 초기부터 있었던 명상법으로 빨리어로는 Ānāpānassati라고 한다.

날숨에 숫자를 세거나, 들숨에 숫자를 세거나, 들숨과 날숨 모두에 숫자를 세는 방법이 있다. 세는 숫자는 특별히 정해져 있지 않으나 초심자는 보통 날숨에 숫자를 세고, 10까지 세었다가 다시 역순으로 세는 방법을 권한다. 전통에 따라서 코 주변을 의식하기도 하고, 배가 부풀고 가라앉는 것을 관찰하기도 한다.

수식관 명상을 하면 하나에 대상에 대해 집중력을 유지하는 것이 생각보다 쉽지 않다는 것을 알게 된다. 하다가 나도 모르게 다른 생각을 하기도 하고, 어디까지 숫자를 세었는지 모르는 경우가 많다. 이는 수식관 명상을 하는 게 익숙하지 않아서가 아니라 평상시 수많은 잡념이 일어나고 가라앉는데 그 과정을 모르고 있었던 것을 수식관 명상을 하는 과정을 통해 알아차리게 되는 것이다.

잡념이 일어날 때는 잡념을 없애려고 노력하기보다는 그냥 잡념이 일어났다는 것을 알아차리고 다시 호흡에 돌아온다. 호흡과 같은 집중하는 대상에 마음을 두고 있다 보면 잡념은 어느 순간 힘을 잃고 사라진다.

▶ 실습
- 양손을 무릎 위에 올려놓고, 어깨와 가슴을 펴 자세를 바로 한다.
- 깊고 긴 호흡으로 마음을 안정시킨 후, 자연스러운 호흡으로 돌아온다.
- 호흡의 리듬을 느끼며, 내쉬는 호흡에 숫자를 10부터 1까지 역으로 카운트한다.
- 중간에 숫자를 잊어버리면 다시 처음으로 돌아가 10부터 카운트한다.
- 잡념이 사라지고 집중된 마음을 느낀다.

② 먹기명상(건포도명상)

먹는 과정에서 오감을 활용해 음식의 모양, 빛깔, 냄새(향기), 맛을 관찰하고, 이때 일어나는 과정을 관찰한다.

먹는다는 것은 우리 삶을 유지하기 위해 필수적인 행위임과 동시에 삶의 즐거움을 추구할 수 있는 쾌락적인 부분도 있다. 먹는 즐거움은 우리 삶을 풍성하게 하는 요소이지만 다른 즐거움보다 쉽게 충족할 수 있는 측면으로 인해 지나친 추구로 인한 잘못된 식습관으로 인해 현대인들에게 건강상에 많은 문제점을 야기하기도 한다.

배고파서 먹는 것이 아니라 충동과 욕구를 해소하기 위해서 먹고, 먹는 과정도 충분히 맛을 음미하지 않고, 제대로 씹지도 않고 넘기는 경우도 많다. 이런 식습관은 그 자체로 몸에 큰 부담이 되고, 폭식과 과식으로 이어져 비만을 비롯한 문제를 일으키는 원인이 된다.

먹기명상은 먹는 과정을 하나하나 알아차리고, 이를 통해 음식의 맛과 향을 더욱 충실히 느끼며, 충동적으로 먹는 습관을 개선하는 데 도움을 준다.

또한 먹기명상은 습관의 자동 조정 모드를 관찰하기 좋은 훈련이다. 자동 조정 모드는 내가 의식하지 않고도 저절로 이뤄지는 행위를 가리킨다. 운전을 할 때 처음에는 차선을 지키면서 행선지를 찾아 운전하는 데 어려움을 겪는다. 하지만 어느 순간 운전이 익숙해지면 차선을 지키며 앞차와의 간격을 적당히 두고 가는 데 별다른 노력을 하지 않는다. 운전을 하는 동시에 행선지를 찾고, 옆 사람과 이야기하는 것이 어렵지 않게 된다. 이것은 의식적으로 이뤄지던 많은 부분을 무의식적으로, 동시에 자동적으로 처리하기 때문이다. 먹는 행위는 대표적인 자동적인 행위이다. 우리 대부분은 어느 쪽 어금니를 사용해서 몇 번 씹고 어떻게 음식물을 섞어 목 넘김을 하는지 의식하지 않는다. 대부분 무의식적으로 습관에 의해 한다. 이것이 나쁜 것은 아니지만 습관적으로 이뤄지던 행동을 변화시키기 위해서는 이것을 의식 수준으로 드러낼 수 있어야 한다. 먹기명상은 이를 위한 좋은 연습이 될 수 있다.

먹기명상은 모든 먹는 과정에 적용할 수 있지만, 보관과 휴대가 간편하고, 씹는 과정에서 다양한 맛과 향을 느낄 수 있기에 건포도를 비롯한 마른 과일을 가지고 연습하기를 추천한다.

▶ **실습**
- 건포도 2~3알을 준비한다.
- 건포도를 한 알 집어 관찰한다. 낯선 물건을 바라본다는 느낌으로 호

기심 있게 관찰한다.

- 건포도의 색깔, 촉감, 향기를 구분하여 관찰한다.

- 건포도를 입에 물고 잠시 기다린다. 이때 먹으려는 충동을 관찰한다.

- 건포도를 입에 넣고 잠시 기다린다. 씹기 전에 느껴지는 맛과 향을 관찰한다.

- 몇 차례 천천히 씹으면서 씹는 과정에서 변하는 맛과 향을 관찰한다.

- 나도 모르게 넘기려는 자동적인 반응을 잠시 멈추고 그 충동을 관찰한다.

- 천천히 목으로 넘기면서 그 과정에서 느껴지는 여러 가지 감각과 충동을 관찰한다.

③ 부동좌(不凍座) 얼음 수련

자극에 대해 반응하지 않고 멈춤을 유지하여 자동적 반응을 하지 않는 힘을 키운다.

우리는 많은 경우, 자극에 대해 의식도 하기 전에 무의식 중에 반응한다. 이는 우리가 객관적 인지가 이루어진 이후에도 선택의 순간에는 긍정적이고 바람직하다고 생각하는 방향보다는 익숙하고 습관화된 선택을 반복하게 한다. 자극과 반응 사이에 작은 틈을 만들게 되면, 자극 이후 자동적 반응의 속도를 늦추거나 반응을 멈추는 훈련을 할 수 있다. 부동좌 얼음 수련은 기존의 시냅스를 약화시키고 새로운 시냅스를 만들 수 있는 자기 조절 능력을 키워 준다.

▶ 실습

- 호흡을 하면서 마음을 안정시킨다.
- 감각적 자극이 와도 그 자극에 습관적으로 반응하던 일체의 행위를 멈춘다.
- 자극에 의해서 발생되는 감각의 변화를 알아차리며 자세를 약속한 시간 동안 유지한다.
- 감각이 증폭되거나 소멸되고 다양한 감각적 욕구가 일어나는 과정을 관찰한다.

5) 자애

① 평등명상

    나를 포함한 모든 이들이 각자 나름대로 온전한 존재임을 자각한다.

    우리는 타인과의 비교로 인해 상처받고, 때로는 우월감을 느낀다. 모든 존재가 각자 나름대로 온전하고, 행복한 삶에 대한 바람이 다르지 않다는 것을 깊게 생각해 보면, 그런 상처와 우월감을 줄일 수 있다.

    나의 특징이라고 생각하는 모든 것들. 나라, 가족, 성별, 외모, 지능, 운동 능력. 이 모든 것들이 내가 선택한 것이 아니며, 대부분 내가 태어나면서 저절로 주어졌다. 내가 다른 존재보다 열등하거나 우월하다고 느끼는 것들이 있다면, 그런 것들도 많은 부분, 나의 선택이나 노력에 의한 것보다 저절로 주어진 부분이 많다는 것을 알 수 있다. 이와 마찬가지로 다른 모든 이들도 각자의 특징을 스스로의 선택이나 의지로 가지게 된 것이 아닌 것을 알 수 있다.

이 부분에 대해 명확히 알수록 나를 힘들게 했던 열등감도 사실 큰 의미가 없음을 저절로 알게 된다.

▶ 실습

- 내가 태어날 때, 내 의지나 의도, 노력이 전혀 없었다는 것을 생각한다.
- 나를 특징 짓는 출신, 성별, 신체적 특성도 선택하고 태어난 것이 아님을 생각한다.
- 나의 장점과 단점도 많은 부분, 환경의 영향으로 이루어졌다는 것을 생각한다.
- 나를 포함한 모든 이들, 모든 살아 있는 존재들이 스스로의 선택이나 의지로, 각자의 특성을 가지게 된 것이 아니라는 점도 깊이 생각한다.
- 내가 다른 존재보다 열등하거나 우월하다고 느끼는 것들이 있다면 그런 것들이 나의 선택이나 노력에 의한 것이 아닐 수도 있다는 것도 깊이 생각한다.

하트명상

② 자애명상(慈愛冥想)

자신과 타인에 대한 연민, 공감, 행복을 기원한다.

자애명상은 사랑하는 마음을 키우는 훈련이다. 우리가 스트레스를 받는 많은 부분은 대인관계에서 비롯된다. 개인적인 부분이라고 생각했던 것도, 다른 사람들이 나를 어떻게 대하고, 생각하는지에 반응으로 오는 것이 많다. 그런 측면에서 자애명상은 삶의 질을 증진시키는 데 큰 도움이 된다.

보통 다음과 같은 순서로 진행된다.

1) 용서

2) 자신을 향한 자애

3) 한정된 대상에 대한 자애

   - 고마운 사람, 존경하는 사람, 은혜를 준 사람

- 사랑하는 사람(가족, 친지, 친구)

- 중립적인 사람

- 싫어하는, 미워하는 사람

4) 모든 존재에 대한 자애

경우에 따라 '1) 용서'를 생략하기도 한다. 시간이 충분할 때는 1)~4)까지 전체적으로 하면 좋지만, '1) 용서'나, '2) 자신을 향한 자애' 만 하는 식으로, 한 부분만 반복해서 좋다.

명상의 문구는 실습의 내용을 참고하되 본인의 마음에 와닿는 구절로 바꿔서 해도 무방하다. 명상을 하면서, 의식은 심장에 두고 하면 보다 효과적이다.

▶ **실습**

- 의자나 바닥에 앉거나 누워 자세를 편안히 한다.

- 깊고 긴 호흡으로 마음을 안정시킨 후, 자연스러운 호흡으로 돌아온다.

- 호흡의 리듬을 느끼며, 자신을 향해 건강과 행복을 기원한다.

- 고마운 사람이나 존경하는 사람을 향해 건강과 행복을 기원한다.

- 타인과 미워하는 사람을 향해 건강과 행복을 기원한다.

- 모든 존재를 향해 건강과 행복을 기원한다.

③ 미용 감사

용서와 감사를 통해 마음의 상처를 치유한다.

우리 내면은 관계 속에서 받은 상처를 가지고 있다. 이는 죄의식과 두려움, 슬픔 등과 같은 부정적인 마음으로 내면 깊숙이 숨어 있고 이것은 나와 세상을 있는 그대로 받아들이고, 사랑하는 데 장애가 된다.

"원한을 품는 것은 다른 사람에게 던지려고 뜨거운 석탄을 손에 쥐고 있는 것과 마찬가지이다. 화상을 입는 것은 결국 자기 자신이다."고 부처는 말했다. 부정적 감정을 품고 있으면 결국 다치고 피해를 입는 쪽은 자신이다.

용서는 잘못을 한 상대방을 위해서가 아니라 바로 나 자신을 위한 것이다. 왜냐하면 남을 용서하는 과정을 통해 심리적으로 자신이 먼저 치유되기 때문이다. 내 마음에서 용서받아야 할 사람, 용서받아야 할 과오를

놓아줌으로써 나 자신을 자유롭게 해방시킬 수 있다.

감사는 내가 받고 있는 긍정적인 경험과 감정을 증폭시킨다. 우리는 긍정적인 것보다는 부정적인 것에 민감한 부정편향성을 가지고 있기 때문에 부정적인 사건의 반복은 더욱 크게 느끼지만, 긍정적인 사건의 반복은 무뎌지고 당연하게 생각하게 된다. 나도 모르게 당연하게 받아들이는 감사를 다시 발견하고 이에 대해 감사하는 마음을 가질 때 우리의 마음은 긍정으로 한 걸음 다가서게 된다.

▶ 실습
- 양손을 가슴에 얹고 가슴의 느낌에 집중을 한다.
- 마음속으로 "미안합니다."라고 되뇐다.
- 자기 자신과 주변 모든 사람들에게 미안한 마음을 전한다.
- 마음속으로 "용서합니다."라고 되뇐다.
- 스스로를 사랑하지 못한 자신을 용서하고, 자신에게 상처를 준 모두를 용서하고, 자신이 상처를 준 모두에게 용서를 구한다.
- 마음속으로 "감사합니다."라고 되뇐다.
- 잘 살아 준 자신에게, 옆에서 묵묵히 지켜 준 주변에게 감사한 마음을 전한다.
- 마음속으로 "사랑합니다."라고 되뇐다.
- 있는 그대로의 나를, 있는 그대로의 타인을, 있는 그대로의 세상을 사랑하는 마음을 전한다.

IV

맺음말

명상이 가치 있다고 생각하여 오랫동안 강사로서 일했습니다. 명상을 전달하는 과정에서 원하는 바를 충분히 얻은 분들도 있었지만, 처음 시작하는 것이 어려워서 혹은 추상적인 개념들이 낯설어 중간에 포기하는 분들도 많이 보았습니다.

명상의 전통은 많은 문화권에서 오랫동안 있었습니다. 오랜 세월에 걸쳐 사라지지 않고 계승이 된 것은 가치가 있다는 것이고, 그 가치가 급변하는 현대 사회에 다시 주목받는 것은 어찌 보면 당연하다 생각합니다. 다만, 모든 문화는 시대의 언어로 재해석될 필요가 있기에, 명상 또한 마찬가지로 현대를 사는 우리의 관점으로 재해석되고 발전되어야 할 것입니다.

정서를 중심으로 과학적 해석으로 누구나 쉽게 할 수 있도록 구성된 하트명상이 명상을 필요로 하는 많은 분들에게 도움이 되리라 확신합니다. 명상이 삶의 모든 부분에 있어 해결책이 될 수는 없겠지만 우리 삶을 어떻게 받아들이느냐는 해석과 경험에 있어서는 매우 강력한 도구가 될 수 있습니다. 모쪼록 보다 건강하고 행복한 삶을 꿈꾸는 모든 이들에게 『하트명상』이 도움이 되길 바랍니다.

- 저자 일동